Cornelia Depisch

Strategische Wettbewerbsanalyse

mittels Konkurrenzforschung

VDM Verlag Dr. Müller

Impressum/Imprint (nur für Deutschland/ only for Germany)
Bibliografische Information der Deutschen Nationalbibliothek: Die Deutsche Nationalbibliothek verzeichnet diese Publikation in der Deutschen Nationalbibliografie; detaillierte bibliografische Daten sind im Internet über http://dnb.d-nb.de abrufbar.

Coverbild: www.purestockx.com

Verlag: VDM Verlag Dr. Müller Aktiengesellschaft & Co. KG
Dudweiler Landstr. 99, 66123 Saarbrücken, Deutschland
Telefon +49 681 9100-698, Telefax +49 681 9100-988, Email: info@vdm-verlag.de

Herstellung in Deutschland:
Schaltungsdienst Lange o.H.G., Berlin
Books on Demand GmbH, Norderstedt
Reha GmbH, Saarbrücken
Amazon Distribution GmbH, Leipzig
ISBN: 978-3-639-13788-0

Imprint (only for USA, GB)
Bibliographic information published by the Deutsche Nationalbibliothek: The Deutsche Nationalbibliothek lists this publication in the Deutsche Nationalbibliografie; detailed bibliographic data are available in the Internet at http://dnb.d-nb.de.

Cover image: www.purestockx.com

Publisher:
VDM Verlag Dr. Müller Aktiengesellschaft & Co. KG
Dudweiler Landstr. 99, 66123 Saarbrücken, Germany
Phone +49 681 9100-698, Fax +49 681 9100-988, Email: info@vdm-verlag.de

Printed in the U.S.A.
Printed in the U.K. by (see last page)
ISBN: 978-3-639-13788-0

Cornelia Depisch

Strategische Wettbewerbsanalyse

Inhaltsverzeichnis

1. Einleitung

„Die geschickteste Art, einen Konkurrenten zu besiegen, ist, ihn in dem zu bewundern, worin er besser ist.“ (Peter Altenberg, österreichischer Schriftsteller, 1859 – 1919)

Die starke Konkurrenz erlaubt es Unternehmen heutzutage nicht mehr, sich allein nur auf den Kunden zu konzentrieren, auch die Konkurrenten müssen stets im Auge behalten werden. Im heutigen Wirtschaftsleben ist das Wissen über Wettbewerb und Wettbewerber kostbar und von erheblicher Bedeutung.[1]

Die kontinuierliche Überwachung der Konkurrenz hat sich zu einem unentbehrlichen Instrument der Marktforschung entwickelt. Unternehmen, welche sich behaupten und auf dem Markt bestehen wollen, müssen sich laufend aktuelle Informationen über deren Konkurrenten beschaffen. Mit den richtigen Informationen zur richtigen Zeit bietet sich Unternehmen die Möglichkeit, Mitbewerber aus dem Rennen zu werfen und die eigene Position im Markt zu stärken.[2] Für ein Unternehmen ist es wichtig herauszufinden, mit wem es sich im Wettbewerb befindet, sowie Strategien, Ziele, Stärken und Schwächen der Konkurrenten zu analysieren, um sich bestmöglich auf sie einzustellen.[3] Konkurrenzforschung hilft bei der Gewinnung von vergangenheits-, gegenwarts- und zukunftsbezogenen Wettbewerberinformationen und unterstützt das Unternehmen bei der strategischen und taktischen Entscheidungsfindung. Somit ist dem Unternehmen ein frühzeitiges Erkennen von potentiellen Chancen und Risiken im Wettbewerb möglich. Die sorgfältige Analyse des Wettbewerbs ist für den langfristigen Erfolg eines Unternehmens ausschlaggebend.[4]

In den beiden anschließenden Kapiteln folgt zunächst eine Ausführung der Problemstellung und Zielsetzung dieser Arbeit, danach werden der Aufbau und die Methodik dargestellt.

---

[1] Vgl. Kotler/Keller/Bliemel, 2007, S. 1084f.

[2] Vgl. Kairies, 2007, S. 1.

[3] Vgl. Kotler/Keller/Bliemel, 2007, S. 1093.

[4] Vgl. Deltl, 2004, S. 20.

1.1 Problemstellung und Zielsetzung

Permanente und aufmerksame Überwachung der Konkurrenz ist von großer Bedeutung, jedoch investiert nicht ein jedes Unternehmen ausreichend in die Beobachtung des Wettbewerbs. Gründe dafür sind, dass viele Unternehmer Konkurrenzbeobachtung unterschätzen, da sie meinen, ohnehin alles darüber zu wissen, andere behaupten, diese Art von Beobachtung sei zu teuer und diese Kosten würden sich nicht rentieren.[5] Kairies begründet die Bedeutung einer guten Konkurrenzanalyse mit folgender Aussage: „Stellen Sie sich nicht die Frage, ob Sie sich eine systematische Konkurrenzüberwachung leisten können. Stellen Sie sich besser die Frage, wie lange Sie es sich leisten können, darauf zu verzichten.“[6]

Ziel dieser Arbeit ist es, einen theoretischen Überblick über die Themen Markt- und Konkurrenzforschung zu geben. Weiters werden einige Analysemethoden, welche für die Durchführung einer Konkurrenzforschung in der Praxis Verwendung finden, angeführt. Diese Arbeit soll Aufschluss darüber geben, wie strategische Wettbewerbsbeobachtung in der Praxis erfolgen kann. Die zentrale Frage der Arbeit lautet daher:

Wie kann strategische Wettbewerbsanalyse in einem Unternehmen durchgeführt werden?

Um diese Frage beantworten zu können, wird auf folgende Detailfragen näher eingegangen:

Wie ordnet sich Konkurrenzforschung in die Marktforschung ein?

Welche Aufgaben und Ziele verfolgen Unternehmen durch das Anwenden von Konkurrenzforschung?

Welche Analysemöglichkeiten sind in der Praxis vorhanden, um strategische Wettbewerbsbeobachtung durchführen zu können?

---

[5] Vgl. Kairies, 2007, S. 3.

[6] Kairies, 2007, S. 3.

1.2 Aufbau und Methodik

Im Folgenden werden der Aufbau und die Methodik dieser Arbeit erläutert. Die Arbeit setzt sich aus drei Teilen zusammen, der Einleitung, dem Theorieteil und der Zusammenfassung.

Im Anschluss an die Einleitung wird im zweiten Kapitel der Begriff Marktforschung definiert und ihre große Bedeutung im Bereich des Marketings aufgezeigt.

Danach wird der Begriff Konkurrenzforschung erklärt. Konkurrenzforschung ist ein umfangreiches Themengebiet in der Marktforschung, die nähere Erläuterung der Aufgaben, Ziele und Elemente soll einen guten, sich auf die wesentlichen Merkmale beschränkenden Überblick liefern.

Daran anschließend werden ausgewählte Analysemethoden der Konkurrenzforschung beschrieben. Dazu zählen die Five-Forces-, die SWOT (Strenghts-Weaknesses-Opportunities-Threats)- und die Produktlebenszyklusanalyse sowie auch die Portfolio-Methode und das Benchmarking. All diese Modelle werden von Unternehmen in der Praxis verwendet, auch sind sie relativ einfach in ihrer Anwendung. Die Five-Forces-Analyse zählt zu den am meisten verwendeten Analysemethoden, sie hat sich mittlerweile zu einem Standardverfahren etabliert und ist aus der Konkurrenzforschung nicht mehr wegzudenken. Die SWOT-Analyse dient als gute Basis für andere Konkurrenzanalysen, zudem ist sie leicht verständlich, die Durchführung erfolgt rasch und einfach. Die Produktlebenszyklusanalyse stellt ein bedeutsames Konzept im Marketing dar und liefert wichtige Erkenntnisse über die Wettbewerbsdynamik eines Produkts. Die vierte Analysemethode, welche in dieser Arbeit behandelt wird, ist das Portfolio. In der Praxis stehen den Unternehmen eine Reihe von Portfolio-Methoden für die Konkurrenzforschung zur Verfügung. Diese Arbeit befasst sich mit dem BCG (Boston Consulting Group)- und dem McKinsey-Portfolio, da sie sowohl in der Theorie als auch in der Praxis am häufigsten vertreten sind. Das Benchmarking zählt zu den neueren Konkurrenzanalysemethoden und soll nach Darstellung der klassischen Modelle den Abschluss des zweiten Kapitels bilden.

Im dritten Kapitel folgt die Zusammenfassung dieser Arbeit, welche einen Überblick über die gewonnenen Erkenntnisse der jeweiligen Kapitel liefert.

Die Methodik der Arbeit ist die Literaturrecherche aus Büchern und Zeitschriftenartikeln.

2. Konkurrenzforschung als Teilgebiet der Marktforschung

Unternehmen befinden sich fortwährend in der Situation, Entscheidungen treffen zu müssen. Damit es den Unternehmen überhaupt möglich ist, Entscheidungen fällen zu können, bedarf es an umfangreichen Informationen über das Umfeld, über etwaige Entscheidungskonsequenzen etc.[7] Informationen bilden die Basis für jede unternehmerische Entscheidung.[8] Auch Haunerdinger und Probst sehen es als eine wesentliche Aufgabe der Marktforschung, umfangreiche Informationen über das Geschehen am Markt und im Unternehmensumfeld bereitzustellen.[9]

Je mehr Informationen einem Unternehmen für eine Entscheidung zur Verfügung stehen, desto geringer ist auch die Gefahr, eine Fehlentscheidung zu treffen. Jedoch ist bei der Informationsbeschaffung zu beachten, all jene Informationen zu besorgen, welche Probleme im Marketingbereich aufzeigen können, und welche schließlich auch hilfreich sind, Handlungsvorschläge herbeizuführen. Dies ist deshalb von so großer Bedeutung, da sich Märkte und Konsumentenverhalten stets in einem Wandel befinden.[10] Heutzutage müssen sich marktorientierte Unternehmen immer neuen Herausforderungen stellen. Kundenansprüche steigen und deren Anforderungen an die Unternehmen verändern sich laufend, während Unternehmen gleichzeitig auf Innovations- und Konkurrenzdruck reagieren müssen. Auch die Umwelt zwingt die Unternehmen zu einem raschen Handeln, Verknappung der Ressourcen und Umweltbelastungen sind der Grund hierfür. Eine professionell durchgeführte Marktforschung ist für Unternehmen daher unverzichtbar, um langfristig am Markt bestehen zu können.[11]

Das folgende Kapitel gibt einen Überblick über die Marktforschung, anschließend wird der Terminus Konkurrenzforschung definiert, in die Marktforschung eingegliedert und ihre Aufgaben, Ziele und Elemente erklärt.

---

[7] Vgl. Weis/Steinmetz, 2005, S. 15.

[8] Vgl. Berekoven/Eckert/Ellenrieder, 2006, S. 20.

[9] Vgl. Haunerdinger/Probst, 2006, S. 70.

[10] Vgl. Weis/Steinmetz, 2005, S. 15.

[11] Vgl. Pfaff, 2005b, S. 9.

2.1 Definition von Marktforschung

Laut Schnettler und Wendt hat in den letzten Jahren eine Veränderung zwischen dem Verhältnis von Marketing zu Marktforschung stattgefunden. Früher verfolgte Marktforschung lediglich das Ziel, Daten bereitzustellen, welche als Grundlage für Marketingentscheidungen dienten. Heute wird das Marketing laufend von der Marktforschung begleitet, angefangen von der Produktentwicklung bis hin zur Kommunikation. Marktforschung wird vereinzelt sogar als Initiator von Marketingaktivitäten oder als Motor des Marketings betrachtet.[12]

Für Diller ist Marktforschung ein „systematischer Prozess der Sammlung, Aufbereitung und Analyse von Daten für Marketingentscheidungen."[13] Pfaff definiert Marktforschung ebenfalls als einen „systematischen Prozess der Datengewinnung und -auswertung mit dem Ziel, fundierte Marketingentscheidungen vorzubereiten und abzuleiten."[14] Auch Bruhn zufolge beschäftigt sich die Marktforschung „mit einer systematischen und empirischen Ermittlung sowie Aufbereitung relevanter Informationen über Absatz- und Beschaffungsmärkte eines Unternehmens, um Marketingentscheidungen zu fundieren."[15]

Salchers Definition ist im Vergleich ausführlicher, er beschreibt Marktforschung als „die systematische (kurzzeitige oder kontinuierliche) Analyse des Marktes, um die gegebene Marktstruktur (Produktangebot, Konkurrenzsituation, Preissituation, Vertriebswege, etc.) sowie die spezifischen Verhaltensweisen des Verbrauchers in diesem Markt (Kauf- und Konsumgewohnheiten) zu verdeutlichen, so daß – auf der Basis dieser Erkenntnisse – die Art des zu planenden Produkts sowie der Umfang der Produktion optimal auf diesen Markt abgestimmt werden können."[16]

Pfaff erwähnt zudem, dass für den Marktforschungsprozess nur jene Sachverhalte von Bedeutung sind, welche auch tatsächlich für das Marketing relevant sind. Somit beginnt Marktforschung mit

---

[12] Vgl. Schnettler/Wendt, 2006, S. 270.

[13] Diller, 2007, S. 267.

[14] Pfaff, 2005b, S. 10.

[15] Bruhn, 2007, S. 89.

[16] Salcher, 1995, S. 4.

der Problemdefinition und schließt mit einem Ergebnisbericht und möglichen Lösungsvorschlägen ab.[17]

Aus den verschiedenen Definitionen ist erkennbar, dass ein besonderes Augenmerk auf den systematischen Charakter des Marktforschungsprozesses gelegt wird. Somit wird Marktforschung klar von unbeabsichtigter und zufällig erfolgter Informationsbeschaffung abgegrenzt. Planung von Informationsentscheidungen ist enorm wichtig.[18] Eine jede Art der Informationsbeschaffung ist als Marktforschung anzusehen, sofern sie zu einem besseren Verstehen des Marktes beiträgt. Ein Ziel der Marktforschung ist die Ermittlung von Angebot und Nachfrage im bestehenden Markt. Somit wird dem Anbieter ermöglicht, seine Produkte oder Leistungen dem Markt anzupassen, um langfristig erfolgreich sein zu können.[19]

Marktforschung findet in den heutigen schnelllebigen Märkten mit den sich stets ändernden Erwartungen der Kunden große Anerkennung. Eine professionell durchgeführte Marktforschung zeigt Potenziale in der Ertragssteigerung und lässt dem Unternehmen somit ein frühzeitiges Handeln zu. Auftrieb erhält die Marktforschung auch durch den technologischen Fortschritt. Die meisten Unternehmen verfügen im heutigen Wirtschaftsleben über weit mehr Marktinformationen als noch vor zehn Jahren.[20] Marktforschung stellt im heutigen Markt, welcher sich weitgehend zu einem anonymen Massenmarkt entwickelt hat, eine überaus wichtige und unentbehrliche Informationsquelle dar, die versucht, den bereits größtenteils verloren gegangenen Kontakt zwischen Anbieter und Nachfrager (Produzent und Abnehmer) wieder einigermaßen herzustellen.[21] Salcher, welcher in der Marktforschung auch eine kommunikative Funktion sieht, definiert sie auch als eine Art „Orientierungshilfe, um die Produktion von Waren und Dienstleistungen optimal nach den Wünschen und Vorstellungen des Verbrauchers auszurichten.“[22]

---

[17] Vgl. Pfaff, 2005b, S. 9.

[18] Vgl. Diller, 2007, S. 267.

[19] Vgl. Salcher, 1995, S. 3.

[20] Vgl. Rudolph, 2004, S. 40.

[21] Vgl. Salcher, 1995, S. 3.

[22] Salcher, 1995, S. 3.

2.2 Definition von Konkurrenzforschung

In der Marktforschung wird zwischen verschiedenen Marktteilnehmern differenziert. Marktforschungsaktivitäten können sich auf Konsumenten-, Konkurrenz- oder Absatzmittlerforschung beziehen.[23] Marktforschung konzentriert sich stark auf Kunden und Abnehmer, wohingegen Konkurrenzforschung, auch Wettbewerbsanalyse oder Competitive Intelligence genannt, sehr konkurrenzbezogen ist.[24] Die Konsumentenforschung dominiert in der Marktforschung, jedoch stellt die Erforschung der Konkurrenzsituation ein weiteres wichtiges Teilgebiet dar.[25] Dies ist vielen Unternehmern zwar bekannt, jedoch setzen sie sich mit der Thematik Konkurrenzforschung weit weniger auseinander als vergleichsweise mit der Verbraucherforschung. Die Kundenanalyse bereitet Unternehmen in der Praxis kaum Probleme, sie wird häufig recht systematisch durchgeführt, wohingegen die Konkurrenzanalyse größtenteils unsystematisch erfolgt.[26]

Wichtig ist gleich zu Beginn zwischen den Begriffen Konkurrenzforschung und Wirtschaftsspionage zu unterscheiden. Laut einem Interview mit Herrn Michaeli für ProFirma beginnt Wirtschaftsspionage ab dem Zeitpunkt, wo illegale Methoden verwendet werden, um an Daten zu gelangen. Beispiele dafür sind Bestechung, Einbruch oder Diebstahl. Auch ist es nicht erwünscht, unethische Methoden, wie das Annehmen einer falschen Identität, für die Durchführung einer Konkurrenzanalyse anzuwenden.[27]

Laut Kairies ist Konkurrenzforschung „ein systematischer Prozess der Beschaffung, Archivierung, Auswertung und Weitergabe von Informationen, mit dem Ziel, rechtzeitig Bedrohungen oder Chancen durch Wettbewerbsaktivitäten zu erkennen, um dann mit adäquaten Maßnahmen reagieren zu können."[28] Lux und Peske definieren Konkurrenzforschung als „die zielgerichtete, legale Beschaffung, Auswertung und Interpretation von Datenmaterial über den Wettbewerb, d.h. die

---

[23] Vgl. Schnettler/Wendt, 2006, S. 270f.

[24] Vgl. Deltl, 2004, S. 17.

[25] Vgl. Salcher, 1995, S. 3f.

[26] Vgl. Rese/Karger, 2008, S. 747.

[27] Vgl. Ullmann, 2005, S. 18.

[28] Kairies, 2007, S. 19.

Branchenstruktur (z.B. Marktanteile, strategische Gruppen, […]), und die Einzelkonkurrenten (z.B. Ziele, Strategien, […]).“[29]

Konkurrenzforschung beinhaltet sowohl eine strategische als auch eine taktische Komponente. Das heißt, mittels der Durchführung von Konkurrenzanalysen werden sowohl strategisch langfristige, als auch operativ kurzfristige Methoden abgeleitet. Somit kann Konkurrenzforschung für längerfristige Entscheidungen und auch für das Tagesgeschäft des Unternehmens eingesetzt werden.[30] Deltl zufolge legt die Konkurrentenanalyse „den Schwerpunkt auf die Analyse der Konkurrenten eines Unternehmens, macht eine Bestandsaufnahme der vorhandenen Ressourcen und Marktstellungen der Konkurrenten inklusive Angaben über die von ihnen verfolgten Ziele und Strategien.“[31] Konkurrenzforschung dient des Weiteren als Navigationsmittel, mit Hilfe dessen es Unternehmen ermöglicht wird, Bedrohungen frühzeitig zu erkennen und mit den dafür geeigneten Maßnahmen zu reagieren. Wettbewerbsbeobachtung ist somit auch ein Frühwarnsystem, jedoch nur, wenn die Konkurrenten und deren Aktivitäten stets kontinuierlich und systematisch überwacht werden.[32] Die Basis jeder Konkurrenzanalyse ist die Betrachtung der bisherigen sowie aktuell verfolgten Strategie der Wettbewerber im Vergleich zur eigenen strategischen Ausrichtung.[33]

Für die meisten Unternehmen stellen Konkurrenten eine Bedrohung dar. Ihre ganze Aufmerksamkeit wird den Fragen gewidmet, wie sie gegenüber der Konkurrenz Marktanteile gewinnen und vergrößern, oder ihnen überhaupt den Markteintritt erschweren können. Mit dieser Betrachtungsweise stellen Konkurrenten sicherlich Feinde für Unternehmen dar. Manche Mitbewerber können Bedrohungen sein, dennoch sollte auch der positive Aspekt mancher Konkurrenten nicht völlig außer Acht gelassen werden. In einigen Branchen kann es vorkommen, dass die richtigen Konkurrenten die Wettbewerbsposition eines Unternehmens eher stärken als schwächen, da sich aus der Existenz der richtigen Konkurrenten eine Vielfalt strategischen Nutzens für das Unternehmen ergeben kann, der in vier allgemeine Kategorien unterteilt wird: Steigerung von Wettbewerbsvorteilen, Verbesserung der momentanen Branchenstruktur, Beitrag zur

---

[29] Lux/Peske, 2002, S. 23.

[30] Vgl. Deltl, 2004, S. 18.

[31] Deltl, 2004, S. 84.

[32] Vgl. Kairies, 2007, S. 20f.

[33] Vgl. Backhaus/Voeth, 2007, S. 136.

Entwicklung des Marktes und das Abschrecken vom Markteintritt.[34] Auch Deltl bemerkt, dass Konkurrenten von vielen Unternehmen noch immer als *Black Box* behandelt werden. Es bekennen sich nur wenige Unternehmen im deutschsprachigen Raum dazu, aktiv Konkurrenzforschung zu betreiben. Jedoch verfügen manch große, internationale Unternehmen über eigene Organisationseinheiten, welche sich damit befassen.[35] Eine Vielzahl an Unternehmen hat jedoch die Bedeutung einer gut durchgeführten Konkurrenzanalyse noch nicht erkannt. Zwar verfolgt jeder Manager den Wettbewerb mehr oder weniger gespannt mit, doch das Interesse ist teilweise nur vorübergehend vorhanden, oder sie greifen Informationen nur zufällig auf. Daher werden Entscheidungen relativ häufig aus dem Bauch heraus getroffen.[36]

Das heutige Umfeld der Unternehmen ist durch eine vermehrte Informationsflut und einen rasanten technischen Wandel gekennzeichnet. Konkurrenzforschung hat unter anderem aufgrund der Globalisierung an immenser Bedeutung für Unternehmen gewonnen. Es ist erforderlich geworden, stets über den Wettbewerb informiert zu sein, ansonsten kann das langfristige Bestehen am Markt gefährdet werden. Genaue Analysen über die Konkurrenten sind für Unternehmen unabdingbar, um mögliche Wettbewerbsvorteile und/oder -nachteile ermitteln zu können.[37] Auch Rese und Karger erkennen im Beobachten des Wettbewerbs einen wichtigen und bedeutungsvollen Schlüssel zum Markterfolg.[38]

2.3 Ziele und Aufgaben der Konkurrenzforschung

Mittels der Durchführung einer Konkurrenzanalyse können einem Unternehmen entscheidende Informationen geliefert werden, so dass es von großer Bedeutung ist, Daten der Mitbewerber im Planungsprozess eines Unternehmens zu berücksichtigen. Die Konkurrenz stellt jedoch nur einen

---

[34] Vgl. Porter, 1999a, S. 268f.

[35] Vgl. Deltl, 2004, S. 14.

[36] Vgl. Ullmann, 2005, S. 14.

[37] Vgl. Deltl, 2004, S. 12.

[38] Vgl. Rese/Karger, 2008, S. 747.

Teilbereich des Mikro- und Makroumfeldes eines Unternehmens dar. Im Mittelpunkt der Beobachtung muss nach wie vor der Kunde mit seinen Wünschen und Bedürfnissen stehen.[39]

Bei der Konkurrenzforschung ist nicht die Menge der Daten ausschlaggebend, sondern die Relevanz und vor allem der Grad, wie sie im Unternehmen verwendet werden. Die gesammelten Informationen und Daten müssen verdichtet und den Betroffenen rechtzeitig zur Verfügung gestellt werden, ansonsten kann daraus nur wenig Wertschöpfung gewonnen werden. Außerdem müssen sie dem Management aufbereitet zur Verfügung gestellt und von Geschäftsleitung, Vertrieb, Marketing, Entwicklung und Produktion zweckmäßig genutzt werden.[40] Folgende Abbildung zeigt eine Übersicht über die Aufgaben der Konkurrenzanalyse:

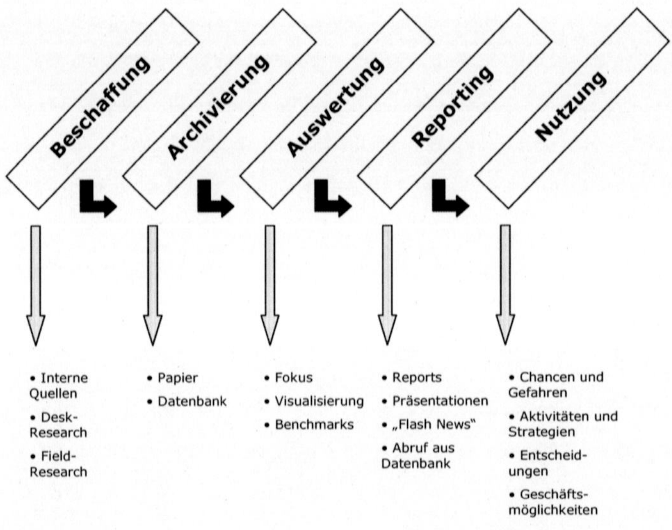

Abbildung 1: Übersicht über die Aufgaben der Konkurrenzanalyse (Quelle: Kairies, 2007, S. 19.)

Gründe für die Durchführung einer Konkurrenzforschung sind zum einen die Ableitung umsetzbarer Ziele und zum anderen die Ableitung verschiedener Strategien, um die eigene Position am Markt zu

---

39 Vgl. Runia u.a., S. 50.

40 Vgl. Kairies, 2007, S. 19.

stärken und zu verbessern.[41] Konkurrenzforschung hat weiters zum Ziel, Wettbewerbsvorteile durch gezielte Informations- und Datenbeschaffung und Analyse zu erhalten. Gerade in einem schnelllebigen Markt ist es von großer Bedeutung, der Konkurrenz stets einen Schritt voraus zu sein und sich den entscheidenden Vorsprung zu verschaffen.[42] Ebenfalls ein Ziel bei der Durchführung einer Konkurrenzanalyse ist das Erringen eines oder mehrerer Wettbewerbsvorteile, eine dem Wettbewerb überlegene Leistung. Wettbewerbsvorteile sind an vier Anweisungen gebunden: Der Vorteil muss der kaufentscheidende Grund eines Kunden sein und muss von ihm auch als solcher vernommen werden, der Vorteil hat dauerhaft gültig zu sein und muss für das Unternehmen auf lange Frist profitabel sein.[43] Michaeli behauptet mittels Darwins biologischer Evolutionstheorie, dass nicht das größte und stärkste, sondern das anpassungsfähigste Unternehmen auf lange Sicht gesehen überleben wird.[44]

Konkurrenzforschung sowie die daraus resultierende Strategieentwicklung sind essentielle Voraussetzungen für eine effektive Marketingplanung. Im heutigen Wirtschaftsleben besteht für Unternehmen ein enormer Wettbewerbsdruck, sei es von Online-Anbietern oder von ausländischen Anbietern, welche vermehrt den heimischen Markt stürmen.[45] Der sogenannte Verdrängungswettbewerb wird weiter stattfinden. Gründe dafür sind unter anderem die Globalisierung, Kunden werden wählerischer und reagieren zunehmend empfindlicher auf Preise, außerdem fordern sie individuelle und für sie maßgeschneiderte Produkte und Dienstleistungen. Auch Qualität spielt eine immer größere Rolle, und den Kunden wird immer mehr die Möglichkeit geboten, aus attraktiven Alternativen zu wählen. Eine professionell durchgeführte Konkurrenzforschung, sowie stets einen Überblick über die Wettbewerber zu haben, kann das Scheitern unter diesem stark herrschenden Wettbewerbsdruck vorbeugen. Auch Karies ist der Meinung, dass sich die kontinuierliche Überwachung der Konkurrenz zu einem unentbehrlichen Instrument der Marktforschung entwickelt hat. Unternehmen, welche sich behaupten und auf dem Markt bestehen wollen, müssen sich laufend aktuelle Informationen über deren Konkurrenten beschaffen. Mit den richtigen Informationen zur richtigen Zeit bietet sich einem Unternehmen

---

41 Vgl. Kairies, 2007, S. 19.

42 Vgl. Michaeli, 2006, S. 1.

43 Vgl. Pfaff, 2005a, S. 30.

44 Vgl. Michaeli, 2006, S. 21.

45 Vgl. Kotler/Keller/Bliemel, 2007, S. 1084f.

vielleicht die Möglichkeit, Mitbewerber aus dem Rennen zu werfen und die eigene Position am Markt zu stärken.[46]

Ein Unternehmen benötigt, um sich mit der Konkurrenz zu messen, sowohl Mut, als auch die geeigneten und aktuellsten Informationen, um richtige Entscheidungen treffen zu können. Jedoch muss ein Unternehmen Geld in das Erhalten von qualifizierten Informationen investieren wollen, aber die finanziellen Aufwendungen dafür können durch den daraus resultierenden Markterfolg in absehbarer Zeit wieder eingespielt werden.[47] Michaeli ist der Meinung, dass „jede Managemententscheidung nur so gut sein kann wie die Informationen, auf denen sie basiert."[48] Allerdings muss ein Unternehmen durch Anwendung und Implementierung von Konkurrenzforschung nicht unbedingt erfolgreich sein. Erfolg tritt erst durch die Kreativität eines Produktmanagers oder durch die Entschlossenheit zur Umsetzung eines Managers ein. Das heißt, Konkurrenzforschung muss in die Strategieentwicklung einfließen und die daraus abgeleiteten Strategien müssen daraufhin erfolgreich umgesetzt werden.[49]

2.4 Die vier Elemente der Konkurrenzforschung

Informationen, welche sich auf den Wettbewerb beziehen und versuchen, die Konkurrenz zu verstehen, sind eine unentbehrliche Voraussetzung für die Umsetzung einer erfolgreichen Unternehmensstrategie.[50] Die folgende Abbildung gibt einen Überblick über die vier Bestandteile der Konkurrenzanalyse:

---

[46] Vgl. Kairies, 2007, S. 1ff.

[47] Vgl. Michaeli, 2006, S. 4.

[48] Michaeli, 2006, S. 4.

[49] Vgl. Michaeli, 2006, S. 5ff.

[50] Vgl. Broda, 2005, S. 105.

Abbildung 2: Die vier Elemente der Konkurrenzforschung (Quelle: Broda, 2005, S. 106.)

Die vier Elemente der Konkurrenzanalyse beinhalten die Ziele, die Annahmen, die Strategie und die Fähigkeit des Konkurrenten.[51] Die Bestimmung dieser vier Elemente hat den Zweck, ein sogenanntes Reaktionsprofil des Konkurrenten erstellen zu können:[52]

- **Ziele des Konkurrenten (*Drivers*)**

Durch Ermittlung der Ziele wird die Frage beantwortet, was den Konkurrenten überhaupt motiviert, und welche kurz- und langfristigen Ziele er verfolgt.[53] Unter den Bereich Ziele fallen sowohl quantitative als auch qualitative Ziele. Die Ziele der Konkurrenz sind stark abhängig von der jeweiligen Unternehmensphilosophie und -kultur sowie auch den Unternehmensgrundsätzen.[54] Es gibt unterschiedliche Ziele, welche von Konkurrenten verfolgt werden können. Die einfachste Annahme wäre, dass Konkurrenten nur nach Gewinn streben. Einige nach kurzfristigem Gewinn, andere wiederum nach langfristigem. Manche Konkurrenten geben sich mit einem ausreichenden Gewinn zufrieden, andere möchten maximalen Gewinn

---

[51] Vgl. Deltl, 2004, S. 88.

[52] Vgl. Broda, 2005, S. 107.

[53] Vgl. Broda, 2005, S. 106.

[54] Vgl. Deltl, 2004, S. 88f.

erreichen. Eine andere Annahme wäre, dass jeder Konkurrent einen Mix aus Teilzielen hat, dies können der Cashflow oder die Marktführerschaft im Kundendienst sein. Hier ist es für ein Unternehmen interessant herauszufinden, wie die einzelnen Teilziele der Konkurrenz gewichtet sind, denn dadurch kann es dem Unternehmen möglich gemacht werden, die Reaktion auf gesetzte Marketingaktivitäten abzuschätzen.[55] Das Unternehmen kann bestimmen, wie zufrieden ein Konkurrent mit der momentanen Situation ist, und ob ein Strategiewechsel daher geplant ist oder nicht. Es können Mutmaßungen getroffen werden, wie die Konkurrenz auf mögliche Aktivitäten des Unternehmens reagieren wird.[56]

- **Annahmen des Konkurrenten (*Assumptions*)**

Dieses Element befasst sich mit der Einstellung und dem Verhalten des Konkurrenten. Es wird ermittelt, wie sich der Konkurrent selbst definiert, ob er sich aggressiv oder eher abwartend den anderen gegenüber verhält, und ob er die ethische oder gewinnmaximierende Komponente in seinem Konkurrenzkampf verfolgt.[57]

Die Annahmen des Konkurrenten lassen sich in zwei Gruppen aufteilen: Zum einen kann der Konkurrent Annahmen über sich selbst treffen, zum anderen über die Branche und die anderen Wettbewerber. Annahmen über sich selbst bilden für Unternehmen stets die Grundlage für Entscheidungen und Maßnahmen. Sie lenken das Verhalten und seine Reaktion auf Ereignisse.[58] Sie sind stark mit den Zielen verbunden und sind Basis für die ausgewählte Strategie. Die Annahmen eines Konkurrenten über seine Situation können zutreffen oder auch nicht. Das Unternehmen untersucht nun, welche möglichen falschen Annahmen, sogenannte *blinde Flecken* oder *Blind Spots*, ein Konkurrent über sich selbst hat.[59] *Blinde Flecken* sind jene Bereiche, in denen ein Wettbewerber den Einfluss von Ereignissen überhaupt nicht erkennt, sie falsch auffasst oder nur sehr langsam wahrnimmt. Wenn das Unternehmen diese *blinden Flecke* erkennt, vermag es Handlungsmaßnahmen herauszufinden, bei denen die Wahrscheinlichkeit

---

55 Vgl. Kotler/Keller/Bliemel, 2007, S. 1097.

56 Vgl. Deltl, 2004, S. 88f.

57 Vgl. Broda, 2005, S. 106.

58 Vgl. Porter, 1999b, S. 91.

59 Vgl. Deltl, 2004, S. 89.

sofortiger Vergeltung gering ist oder die Vergeltung, wenn sie einsetzt, wirkungslos ist.[60] Das Unternehmen kann diese Erkenntnisse in die eigenen strategischen Überlegungen miteinbeziehen.[61]

- **Strategie des Konkurrenten (*Current Strategy*)**

Das dritte Element betrifft die gegenwärtige Strategie des Konkurrenten, welche stark mit den Zielen und Annahmen verbunden ist.[62] Es wird untersucht, wie sich der Konkurrent im Wettbewerb verhält, wie er ihn führt und ob von ihm in der näheren Zukunft Kooperationen, Joint Ventures oder Firmenübernahmen geplant sind.[63]

- **Fähigkeit des Konkurrenten (*Capabilities*)**

Den Abschluss der vier Elemente bildet die realistische Einschätzung der Fähigkeiten jedes Wettbewerbers. Die Ermittlung der Fähigkeit eines Konkurrenten gibt Aufschluss über dessen Stärken und Schwächen.[64] Die Stärken und Schwächen eines Konkurrenten sind ausschlaggebend für die Fähigkeit, strategische Handlungen zu setzen und mit Ereignissen in der Branche umzugehen zu wissen.[65]

Ebenfalls wird bestimmt, ob der Konkurrent auch über Kernkompetenzen verfügt, vor allem über welche, und wenn nicht, ob er dabei ist, Kernkompetenzen aufzubauen.[66] Michaeli definiert Kernkompetenzen als „eine spezielle Fertigkeit oder Fähigkeit eines Unternehmens, die für den Kunden einen wahrnehmbaren Differenzierungsfaktor ausmacht. Kernkompetenzen

---

[60] Vgl. Porter, 1999b, S. 92.

[61] Vgl. Deltl, 2004, S. 89.

[62] Vgl. Deltl, 2004, S. 89.

[63] Vgl. Broda, 2005, S. 106.

[64] Vgl. Broda, 2005, S. 106.

[65] Vgl. Deltl, 2004, S. 89.

[66] Vgl. Broda, 2005, S. 106.

sollten nur schwer von Wettbewerbern kopierbar sein, da sie idealerweise die Basis für langfristige Wettbewerbsvorteile bilden.“[67]

Die Verbindung dieser vier Elemente ergibt schließlich das Reaktionsprofil der Konkurrenz. Auf diese Weise können offensive und defensive Maßnahmen des Konkurrenten bezüglich strategischer Maßnahmen des eigenen Unternehmens sehr gut vorweggenommen werden.[68]

Aus dem Reaktionsprofil lassen sich nun folgende vier Fragen beantworten:[69]

- *Ist der Konkurrent mit seiner gegenwärtigen Strategie und Situation zufrieden?*
- *Welche nächsten Schritte oder strategischen Veränderungen wird der Konkurrent voraussichtlich vornehmen?*
- *Wo ist der Konkurrent verwundbar?*
- *Welches Verhalten wird die größte Reaktion des Konkurrenten hervorrufen?*

2.5 Datenbeschaffung

Vor Durchführung einer Konkurrenzanalyse stellt sich dem Unternehmen die Frage, woher die dafür erforderlichen Informationen und Daten bezogen werden sollen, und welche Quellen der Datenbeschaffung und -erhebung überhaupt existieren.[70]

Prinzipiell können die für ein Unternehmen relevanten Informationen aus zwei verschiedenen Bereichen kommen: entweder aus dem Unternehmen selbst (intern) oder aus der Unternehmensumwelt (extern). Des Weiteren wird differenziert zwischen der Art der Quellen in Primärmarktforschung (*Field Research*) und Sekundärmarktforschung (*Desk Research*).[71] Bei der Primärmarktforschung werden bestimmte Daten zum ersten Mal erhoben, der Informationsbedarf ist

[67] Michaeli, 2006, S. 316.

[68] Vgl. Deltl, 2004, S. 90.

[69] Vgl. Broda, 2005, S. 107.

[70] Vgl. Kamenz, 2001, S. 58.

[71] Vgl. Kamenz, 2001, S. 58.

eigens auf die Anforderungen des Auftraggebers zugeschnitten. Bei der Sekundärmarktforschung schöpft das Unternehmen aus bereits vorhandenen Datenbeständen.[72] Das heißt, eine jede Primärerhebung kann einmal Gegenstand einer Sekundärdatenanalyse werden.[73]

„Die Sekundärforschung bildet sowohl in der Unternehmenspraxis als auch in wissenschaftlichen Studien den Ausgangspunkt qualifizierter Forschungstätigkeit.“[74] Die Durchführung einer Sekundärmarktforschung ist in aller Regel die kostengünstigere Variante, außerdem kann mit ihrer Hilfe nahezu ein jedes Thema erschlossen werden.[75] Bereits vorhandene Daten, welche zu einem früheren Zeitpunkt und zu einem anderen Zweck entstanden, werden für den Untersuchungszweck neu aufbereitet und analysiert.[76] Da diese Art von Informationsgewinnung sozusagen vom Schreibtisch aus betrieben werden kann, wird häufig auch von *Desk Research* gesprochen. Die bedeutendsten und ergiebigsten Informationsquellen hierfür stellen heutzutage gedruckte Informationen und das Internet dar. Durch die Ausbreitung von Online-Datenbanken und Informationsangeboten im Internet erweitern sich die Möglichkeiten der Sekundärforschung enorm.[77] Nützliche Hilfestellungen können auch diverse Suchmaschinen oder Informationsportale sein.[78]

Der größte Vorteil der Sekundärmarktforschung liegt in der Ersparnis an Kosten und Zeit. Nachteile sind allerdings die fehlende Aktualität der Daten und das Faktum, dass die Aussagekraft und Generalisierbarkeit von Sekundärdaten durch die anfängliche Zwecksetzung möglicherweise eingeschränkt ist.[79]

Von Primärmarktforschung wird im Zuge der Datenbeschaffung und -filterung dann gesprochen, wenn Daten für den jeweiligen Untersuchungszweck neu erhoben werden. Von einer Primärerhebung ist laut Salcher dann die Rede, wenn „direkte Informationen über Meinungen,

72 Vgl. Esch/Herrmann/Sattler, 2008, S. 93.

73 Vgl. Scheuch, 2007, S. 94.

74 Decker/Wagner, 2002, S. 107.

75 Vgl. Diller, 2007, S. 272.

76 Vgl. Scheuch, 2007, S. 94.

77 Vgl. Kuß, 2006, S. 63.

78 Vgl. Diller, 2007, S. 272.

79 Vgl. Esch/Herrmann/Sattler, 2008, S. 94f.

Motive, (Beweggründe) oder Verhaltensweisen von bestimmten, im Rahmen der Fragestellung relevanten, Personen eingeholt werden müssen."[80] Aus dem Bereich der empirischen Sozialforschung ist dafür der Ausdruck Feldforschung (*Field Research*) übernommen worden.[81] Bei Durchführung einer Primärmarktforschung besteht ein erster Schritt häufig in einer Sekundärdatenanalyse, die dem Unternehmen hauptsächlich dazu dient, sich in die Thematik einzulesen und einzuarbeiten. Dadurch soll die Erhebung möglichst kosteneffizient ausgerichtet werden. Ist jedoch die betrachtete Fragestellung durch die Analyse von Sekundärquellen nicht zufriedenstellend zu beantworten, so ist eine Primärerhebung in Betracht zu ziehen.[82]

Nachteil der Primärmarktforschung ist, dass die Kosten unter Umständen höher sind als vergleichsweise bei einer Sekundärmarktforschung. Jedoch erhält das Unternehmen gerade jene Informationen über die Konkurrenz, welche anders nicht aufgetrieben werden können. Bei der Primärerhebung nimmt das Unternehmen direkten Kontakt mit den primären Informanten auf. Dies können beispielsweise Kunden, Wiederverkäufer, Redakteure oder Zulieferer sein, das heißt Firmen und Einrichtungen, mit denen das konkurrierende Unternehmen in irgendeiner Geschäftsbeziehung steht. Diese Informanten verfügen aufgrund dieser Verbindungen über aktuelle Informationen aus direkter Quelle.[83]

In der Praxis wird aufgrund der Zeit- und Kostenersparnis meist versucht, einem Forschungsziel zunächst durch Sekundärmarktforschung gerecht zu werden. Nur wenn dafür erforderliche Daten nicht zugänglich sind, geht ein Unternehmen zu der deutlich aufwändigeren Primärmarktforschung über.[84]

2.6 Ausgewählte Analysemethoden der Konkurrenzforschung

Nachdem die Phase der Datenbeschaffung und -filterung, entweder mittels Primär- und/oder Sekundärmarktforschung, abgeschlossen ist, erfolgt nun die Wissensgenerierung anhand der Analysephase. Diese Phase beinhaltet das Kernstück des gesamten Konkurrenzforschungsprozesses,

---

80 Salcher, 1995, S. 13.

81 Vgl. Kuß, 2006, S. 63.

82 Vgl. Esch/Herrmann/Sattler, 2008, S. 94.

83 Vgl. Kairies, 2007, S. 48f.

84 Vgl. Kuß, 2006, S. 63.

da sie dem Unternehmen sowohl quantitative als auch qualitative Ergebnisse liefert.[85] Auch Deltl betrachtet sie als die wertvollste Phase des gesamten Konkurrenzforschungsprozesses.[86]

Die Analysephase umfasst einen sehr wichtigen Schritt: Die bisher gesammelten Daten und Informationen aus internen und externen Quellen werden nun aufbereitet und in den Unternehmenskontext gestellt.[87] Zu den internen Informationsquellen gehören sämtliche Mitarbeiter, externe Informationszuträger können Lieferanten, Kunden oder abgeworbene Mitarbeiter der Konkurrenzunternehmen sein. Im Grunde ein jeder, der über wertvolles und nützliches Marktwissen verfügt. Eine große Menge an Daten und Fakten bieten dem Unternehmen außerdem Internet und Online-Datenbanken.[88]

Die Analysephase ist deshalb so bedeutend, da rein nur das Sammeln von Wettbewerbsinformationen noch keine Aussagekraft für das Unternehmen besitzt. Für die Analyse stehen in der Praxis Konkurrenzanalysekonzepte zur Verfügung, welche es ermöglichen, die Daten strukturiert und aussagekräftig aufzubereiten.[89] Michaeli empfiehlt, verwendete Analyseverfahren stets auf ihre Effizienz hin zu prüfen und gegebenenfalls neue Konzepte zu gebrauchen. Das Ergebnis einer Analyse muss klar und verständlich aufbereitet werden.[90]

Jede Methode zur Analyse der Konkurrenz hat ihre Stärken und Schwächen. Die eine ist relativ rasch und einfach in der Durchführung, dafür aber kaum zukunftsorientiert, während eine andere viel Aufwand benötigt, jedoch aussagekräftige Resultate liefert.[91] Vor Anwendung einer Analysemethode sollte sich das Unternehmen überlegen, ob diese in ihren Kontext passt und wie geeignet die gewählte Analyse für ihre Aufgaben- und Problemstellung scheint. Das Unternehmen kann sich unter anderem folgende Fragen stellen: Wie sehr ist die Analysemethode angebracht, um zukünftige Entwicklungen und Ereignisse zu bestimmen? Ist die Verwendung des

---

[85] Vgl. Pfaff, 2005a, S. 77.

[86] Vgl. Deltl, 2004, S. 73.

[87] Vgl. Deltl, 2004, S. 73.

[88] Vgl. Ullmann, 2005, S. 16.

[89] Vgl. Deltl, 2004, S. 73.

[90] Vgl. Michaeli, 2006, S. 152f.

[91] Vgl. Romppel, 2006, S. 183.

Analyseverfahrens auch einfach zu verstehen und nachvollziehbar? Können durch Anwendung der Methode mehrere Wettbewerber gleichzeitig beobachtet werden?[92]

Nachstehend werden einige Analysemethoden der Konkurrenzforschung näher dargestellt. Die folgenden Modelle wurden aus dem Grund ausgewählt, da sie in der Praxis häufig an Verwendung finden und einfach in ihrer Durchführung sind.

2.6.1 Five-Forces-Analyse (Fünf-Kräfte-Analyse)

Die Five-Forces-Analyse, auch Fünf-Kräfte-Analyse genannt, ermöglicht eine strukturierte Untersuchung der Akteure und Eigenschaften einer Branche. Sie stammt aus dem Jahre 1980 vom Harvard-Professor Michael E. Porter, welcher die Industriestruktur-, die Wettbewerber- und die Industrieentwicklungsanalyse zu einem Gesamtmodell vereinigte.[93] Porter's Five-Forces-Modell hat sich zu einem Standardverfahren der Konkurrenzforschung und zu einer der am häufigsten verwendeten Methoden entwickelt.[94]

In jeder Branche, egal ob sie am Binnenmarkt oder international orientiert ist, oder ob sie Produkte oder Dienstleistungen erzeugt, bestimmen sich die Regeln des Wettbewerbs nach folgenden fünf Wettbewerbskräften auf horizontaler und vertikaler Ebene: dem Markteintritt neuer Konkurrenten, der Gefahr von Ersatzprodukten, der Verhandlungsstärke der Abnehmer, der Verhandlungsstärke der Lieferanten und der Rivalität unter den vorhandenen Wettbewerbern (siehe Abbildung 3).[95]

---

[92] Vgl. Pfaff, 2005a, S. 93f.

[93] Vgl. Romppel, 2006, S. 188.

[94] Vgl. Michaeli, 2006, S. 318.

[95] Vgl. Porter, 1999a, S. 28f.

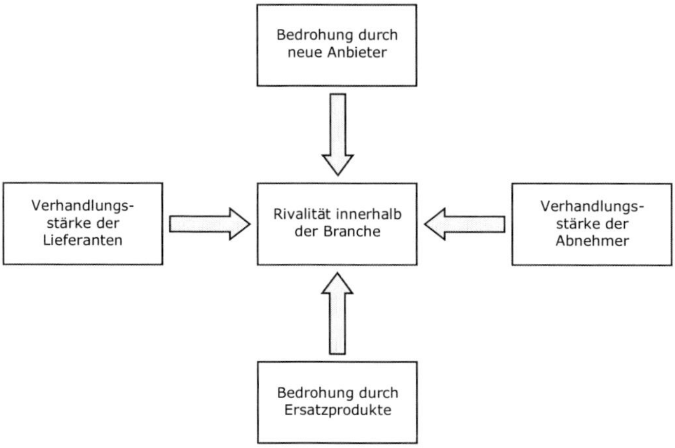

Abbildung 3: Five Forces-Analyse (Quelle: Porter, 1999a, S. 29.)

Jene Wettbewerbskräfte, die am signifikantesten sind, bestimmen die Profitabilität einer Branche und sind demzufolge beim Entwickeln einer Strategie von großer Bedeutung.[96] Die Gesamtstärke dieser fünf Antriebskräfte gibt Aufschluss darüber, ob die Unternehmen einer Branche im Durchschnitt Ertragsraten des investierten Kapitals erwirtschaften können, die sich über den Kapitalkosten befinden. Die Stärke dieser fünf Wettbewerbskräfte ist in jeder Branche unterschiedlich und kann sich mit ihrer Entwicklung ändern.[97]

Es folgt eine kurze Erklärung der einzelnen Wettbewerbskräfte des Five-Forces-Modells:

- **Bedrohung durch neue Konkurrenten (*New Entrants*)**

Neue Marktteilnehmer oder Konkurrenten bringen zusätzliche Kapazitäten, den Eifer, Marktanteile zu gewinnen und beachtliche Ressourcen mit ins Spiel. Unternehmen, die durch Übernahmen in eine neue Branche vorstoßen, nutzen ihre Ressourcen oftmals dazu, das Machtverhältnis zu verschieben, so wie es z.B. beim Zigarettenkonzern *Philip Morris* und der *Miller-Brauerei* der Fall war. Vor der Übernahme war *Miller* Amerikas achtgrößter

96 Vgl. Porter, 2004, S. 48.

97 Vgl. Porter, 1999a, S. 29.

Bierhersteller. Nachdem die Übernahme abgeschlossen war, rückte das Unternehmen auf den zweiten Rang.[98]

Wie ernsthaft die Bedrohung eines Markteintritts ist, hängt im Wesentlichen von der Höhe der Eintritts- und Austrittsbarrieren ab. Grundsätzlich gibt es sechs Hindernisse beim Markteintritt: Skaleneffekte, Produktdifferenzierung, Kapitalbedarf, größenunabhängige Kostennachteile, Zugang zu Vertriebskanälen und gesetzliche Bestimmungen.[99] Optimale Voraussetzungen für Gewinne innerhalb der Branche sind hohe Eintritts- und niedrige Austrittsbarrieren. Somit ist es möglich, dass neue Mitbewerber in die Branche eintreten, jedoch erfolglose leicht wieder austreten können.[100]

- **Bedrohung durch Lieferanten (*Supplier Force*)**

Lieferanten können Unternehmen einer Branche ihre Verhandlungsstärke spüren lassen, indem sie die Preise erhöhen oder die Qualität und Menge der bestellten Waren und Dienstleistungen mindern. So haben beispielsweise die Hersteller von Softdrink-Konzentraten ihre Preise so stark angehoben, dass die Profitabilität bei den Abfüllunternehmen stark abgefallen ist. Grund dafür war, dass die Abfüller aufgrund des harten Konkurrenzkampfes durch Getränkepulver, Fruchtsaftgetränke und andere Getränke nur wenig Spielraum zur Verfügung hatten, ihre eigenen Preise entsprechend anzugleichen.[101]

Die Verhandlungsstärke der Lieferanten ist umso größer, je mehr diese die Kosten, Qualität und Ressourcenverfügbarkeit festlegen können.[102] Lieferanten sind vor allem dann besonders einflussreich, wenn die Produkte einzigartig sind oder sich zumindest stark von denen der Konkurrenz unterscheiden, oder wenn für ein Unternehmen hohe Kosten beim Wechsel eines

---

[98] Vgl. Porter, 2004, S. 48.

[99] Vgl. Porter, 2004, S. 48.

[100] Vgl. Kotler/Keller/Bliemel, 2007, S. 1088.

[101] Vgl. Porter, 2004, S. 48.

[102] Vgl. Romppel, 2006, S. 189.

Lieferanten entstehen.[103] Eine denkbare Gegenmaßnahme des Unternehmens wäre es, gute Beziehungen zu den Lieferanten aufzubauen.[104]

- **Bedrohung durch Abnehmer (*Buyers Force*)**

Auch Kunden können sowie Lieferanten Preissenkungen durchsetzen, eine höhere Qualität oder ein besseres Kundenservice fordern und die Wettbewerber gegeneinander ausspielen, alles auf Kosten der Branchengewinne. Die Möglichkeit einer solchen Verhandlungsstärke kann unter anderem dann bestehen, wenn sie konzentriert sind oder in großen Mengen kaufen und somit einen hohen Anteil am Umsatz des Unternehmens ausmachen. Ein weiterer Grund dafür kann sein, wenn die Kunden Standardprodukte oder Commodities kaufen. Somit ist sich das Unternehmen bewusst, dass sie für solche Produkte immer einen anderen Lieferanten finden werden.[105]

Wege für ein Unternehmen, diese Verhandlungsstärke zu umgehen, sind beispielsweise nur jene Kunden anzusprechen, welche über eine bloß geringe Verhandlungsstärke verfügen, oder ihnen ein derart gutes Angebot zu machen, welches sie nicht abzulehnen wagen.[106] Einschränkungen können aufgrund von langfristigen Verträgen oder fehlenden Alternativen entstehen.[107]

- **Bedrohung durch Ersatz- bzw. Substitutionsprodukte oder -dienste (*Threat of Substitute Products*)**

Je attraktiver das Preis-Leistungs-Verhältnis von Ersatzprodukten ist, desto höher ist das Risiko, dass der Austauschprozess von Substitutionsprodukten in einer Branche ansteigt. Substitute schmälern Profite nicht nur in Zeiten, in denen die Geschäfte normal laufen, sondern auch während eines Booms besteht die Gefahr einer Gewinnpotenzial-Minimierung. Führungskräfte sollten folgenden Ersatzprodukten die meiste Beachtung schenken, die aus einem Trend einen Vorteil ziehen und die ihr Preis-Leistungs-Verhältnis gegenüber dem des Produkts der eigenen

---

[103] Vgl. Porter, 2004, S. 48.

[104] Vgl. Kotler/Keller/Bliemel, 2007, S. 1089.

[105] Vgl. Porter, 2004, S. 48.

[106] Vgl. Kotler/Keller/Bliemel, 2007, S. 1089.

[107] Vgl. Deltl, 2004, S. 84.

Branche optimieren. Ersatzprodukte kommen häufig schnell ins Spiel, wenn irgendeine Entwicklung den Konkurrenzkampf in der Branche verstärkt und eine Preissenkung oder Leistungsverbesserung zur Folge hat.[108] Demgemäß hat das Unternehmen die Aufgabe, die Preisentwicklung der Substitutionsprodukte stets zu beobachten.[109]

- **Bedrohung durch interne Rivalität (*Rivalry among Industry Competitors*)**

Die Konkurrenz unter den Wettbewerbern gleicht dem Raufen um eine gute Position. Dabei finden Taktiken wie Preiskampf, Produkteinführungen und Werbeschlachten Verwendung. Für das Unternehmen entstehen große Kosten, um in diesem Konkurrenzkampf mithalten zu können. Ein intensiver Konkurrenzkampf hängt unter anderem damit zusammen, wie zahlreich die Konkurrenten vorhanden sind und ob sie in Hinblick auf Größe und Macht in etwa gleich stark sind.[110]

Die Rivalität zwischen den bereits existierenden Wettbewerbern ist die stärkste aller fünf Kräfte. Sie vergrößert sich etwa bei Stagnation oder Schrumpfen des Marktes, oder wenn viele ähnlich große Unternehmen sich untereinander Konkurrenz machen.[111] Der Konkurrenzkampf kann entweder harmonisch verlaufen, oder hitzig und aggressiv. Ausschlaggebend ist, wie zufrieden die einzelnen Wettbewerber mit ihrer momentanen Marktposition sind.[112]

Für Unternehmen empfiehlt es sich aus dem Grund, eine Five-Forces-Analyse durchzuführen, da es überaus wichtig ist, nicht nur das Produkt selbst, sondern auch dessen Funktion zu sehen, über die nationalen Grenzen hinauszudenken und auch die potentiellen Konkurrenten aus dem Ausland zu berücksichtigen. Es erweist sich als wertvoll, sich nicht nur auf die Rivalen von heute zu konzentrieren, sondern auch an die Konkurrenten von morgen zu denken. Auch kann mit Hilfe dieser Analysemethode vermieden werden, dass das Unternehmen künftige Konkurrenten übersieht, die dem eigenen Geschäft irgendwann gefährlich werden könnten. Jedoch konzentrieren sich

---

108 Vgl. Porter, 2004, S. 48.

109 Vgl. Romppel, 2006, S. 189.

110 Vgl. Porter, 2004, S. 48.

111 Vgl. Romppel, 2006, S. 190.

112 Vgl. Deltl, 2004, S. 86.

zahlreiche Manager im Kampf um Marktanteile nach wie vor nur auf ihre direkten Gegenspieler. Daher übersehen sie, dass sie zugleich auch mit deren Kunden und Lieferanten um die Marktmacht konkurrieren. Außerdem verabsäumen sie es, einen Blick auf neue Wettbewerber zu werfen, oder sie bemerken die tückische Bedrohung nicht, die von Alternativprodukten ausgeht.[113]

Der Schlüssel zum Wachstum oder auch zum bloßen Überleben eines Unternehmens ist es, eine Marktposition einzunehmen und zu behaupten, die nicht empfindlich auf Angriffe der direkten, etablierten oder neuen Konkurrenten reagiert. Auch Lieferanten, Kunden und Substitutionsgüter sollten diese Stellung im Markt nicht so leicht beeinträchtigen können. Eine solche Marktposition kann auf unterschiedliche Weise erreicht werden: indem das Management die Beziehung zu wichtigen Kunden pflegt und stärkt, indem es das Produkt z.B. mittels Marketingmaßnahmen von der Konkurrenz abhebt, indem es Vorwärts- oder Rückwärtsintegration betreibt oder die technologische Marktführerschaft ansteuert.[114]

Ziel der Durchführung einer solchen Analyse ist die Erhebung der momentanen Wettbewerbssituation am Markt, indem die fünf Hauptantriebskräfte einer Branche näher betrachtet werden. Die Antriebskräfte werden ihrer Stärke nach bewertet, beispielshalber von stark, mäßig bis schwach. Somit kann die Attraktivität einer Branche analysiert und näher betrachtet werden. Eine Branche wird dann als unattraktiv angesehen, wenn starke Rivalität zwischen den Wettbewerbern herrscht, niedrige Eintrittsbarrieren bestehen, es starken Wettbewerb aufgrund von Substitutionsprodukten gibt und eine starke Verhandlungsmacht seitens der Lieferanten und/oder Kunden besteht. Ist jedoch das Gegenteil der Fall, so ist für ein Unternehmen ein Wettbewerbsumfeld attraktiv und voraussichtlich auch profitabel.[115]

Die Informationsgewinnung dieser Analyse basiert größtenteils auf der Sekundärrecherche. Die Five-Forces-Analyse umfasst folgende Schritte: Zuerst werden alle fünf Kräfte und deren Determinanten geprüft. Dann wird das Unternehmen aufgerufen, die entsprechenden Stärken der einzelnen Antriebskräfte zu bewerten, beispielsweise mit Hilfe eines simplen Rankings. Danach sollen die gewonnenen Erkenntnisse auf das eigene Unternehmen angewendet und ein Bezug zu den Stärken und Schwächen der Mitbewerber hergestellt werden. Diese aufgezählten Schritte sollten nochmals wiederholt werden, um Trends unter Berücksichtigung von regulatorischen,

---

[113] Vgl. Porter, 2004, S. 48.

[114] Vgl. Porter, 2004, S. 48.

[115] Vgl. Michaeli, 2006, S. 319f.

gesellschaftlichen, wirtschaftlichen und technologischen Faktoren abwägen zu können. Nun kann das Unternehmen aufgrund der Ergebnisse der Five-Forces-Analyse entweder auf potenzielle Schritte der Wettbewerber reagieren oder proaktive Handlungen zur Beeinflussung von Marktkräften setzen.[116] Auch kann eine Strategie mit dem größten Erfolgspotenzial abgleitet werden, das heißt jene Strategie, welche dem Unternehmen einen Schutz vor negativen Auswirkungen bietet sowie dessen Stärken fördert.[117]

Positiv ist bei dieser Analysemethode anzumerken, dass sie einen guten Überblick über die Wettbewerbssituation verschafft und die gegenseitigen Beeinflussungen der Marktkräfte beachtet. Jedoch berücksichtigt die Five-Forces-Analyse gesellschaftliche und politische Einflüsse nur andeutungsweise und ist eigentlich von beschreibender Natur, das heißt, dass sie weder das Wie noch das Warum erläutert.[118]

2.6.2 SWOT-Analyse

Die SWOT-Analyse hat zur Aufgabe, die Stärken (**S**trengths), Schwächen (**W**eaknesses), Chancen (**O**pportunities) und Risiken bzw. Herausforderungen (**T**hreats) eines Unternehmens zu ermitteln, und stellt somit den Zusammenhang zwischen internen Faktoren und externen Beeinflussungen dar. Daraus können viele wichtige Handlungsmöglichkeiten abgeleitet werden. Sie ist die zusammenfassende Bewertung der Stärken/Schwächen- und Chancen/Risiken-Analyse.[119]

Etwas, worin ein Unternehmen besonders gut ist, wird als Stärke bezeichnet. Stärken eines Unternehmens können beispielsweise ein bestimmtes Know-how, wertvolle Ressourcen oder besondere Fähigkeiten sein. Stärken sind deshalb so bedeutend, da sie erheblich für die Entwicklung einer Strategie beitragen, sie bilden die Eckpunkte für eine neue Strategie und können Ausgangspunkt für Wettbewerbsvorteile sein. Neue Produkte oder ein wachsender Markt sind keine Stärken! Eine Schwäche ist etwas, das dem Unternehmen fehlt, damit es vom Kunden angenommen wird, wie z.B. Qualitätsmängel, inkompetente Mitarbeiter oder mangelnde Kompetenz. Schwächen

---

[116] Vgl. Romppel, 2006, S. 190.

[117] Vgl. Michaeli, 2006, S. 320.

[118] Vgl. Romppel, 2006, S. 190.

[119] Vgl. Deltl, 2004, S. 92f.

sind, im Gegenteil von Stärken, Basis für Wettbewerbsnachteile. Daher müssen sie vom Unternehmen abgebaut werden.[120]

Die Stärken/Schwächen-Analyse gehört zu den bedeutendsten und wichtigsten der Konkurrenzforschung. Mittels Stärken/Schwächen-Profilen lassen sich für ein Unternehmen im Vergleich mit verschiedenen Konkurrenten die Stärken und Schwächen im gesamten Zusammenhang erfassen. Dem Unternehmen werden die Unterschiede zu den Konkurrenzprodukten verdeutlicht, sowie eventuelle Fortschritte des neuen Produkts vergleichsweise zum vorrangegangenen dargestellt. Durch den Vergleich mit anderen konkurrierenden Unternehmen können geeignete Strategien, angebrachte Maßnahmen und Aktivitäten abgeleitet werden. Verfolgt das Unternehmen ein Stärken/Schwächen-Profil über mehrere Jahre, so kann eine Entwicklung von Wettbewerbern, Geschäftseinheiten oder bestimmten Produkten beobachtet werden.[121]

Stärken/Schwächen-Analysen können von unterschiedlichen Personengruppen erarbeitet werden, wie z.B. von einzelnen Mitarbeitern, Lieferanten, Personen im Wettbewerbsumfeld oder Kunden. Sollten Mitarbeiter oder Kunden solch ein Profil erstellen, dann wird nach deren Sichtweise gefragt, es soll ermittelt werden, wie Mitarbeiter bzw. Kunden das Unternehmen sehen. Für Gruppen empfiehlt es sich, eine Analyse in Workshops durchzuführen. Von Lieferanten möchte ein Unternehmen erfahren, welches Image es bei seinen Zulieferern hat. Von beteiligten Personen des Wettbewerbs sollte ein Stärken/Schwächen-Profil nur dann erarbeitet werden, wenn auch das dazu nötige Vertrauensverhältnis besteht. Die Stärken/Schwächen-Analyse ist besonders hilfreich, wenn das Unternehmen in Erfahrung bringen möchte, wo es kurzfristig gesehen die eigenen Stärken zu Marktvorteilen umsetzen könnte und welche eigenen Schwächen mittelfristig abgebaut werden sollten.[122]

Die Chancen/Risiken-Analyse basiert auf der Stärken/Schwächen-Analyse. Diese Analysemethode ist vor allem dann von besonderer Bedeutung, wenn beispielsweise Entscheidungen zu einem großen und wichtigen Projekt getroffen werden müssen, welches langfristig finanzielle und personelle Ressourcen bindet oder zukünftige umfassende Einflussparameter beobachtet werden müssen.[123]

---

[120] Vgl. Deltl, 2004, S. 91.

[121] Vgl. Kairies, 2007, S. 71f.

[122] Vgl. Kairies, 2007, S. 72f.

[123] Vgl. Kairies, 2007, S. 76.

Wie schon erwähnt, ist die SWOT-Analyse eine Kombination der Stärken/Schwächen- und Chancen/Risiken-Analyse.[124] Ziel der SWOT-Analyse ist laut Pfaff nun, „die Einschätzung des eigenen Geschäftsbereichs im Vergleich zum Wettbewerb bzw. zu Wettbewerbern mit der Absicht, konkrete Normstrategien zur Steigerung des Unternehmenserfolgs sowie zur Erhaltung und zum Ausbau des eigenen Wettbewerbsvorteils abzuleiten."[125]

Folgendermaßen wird bei einer SWOT-Analyse vorgegangen: Zuallererst werden Stärken, Schwächen, Chancen und Risiken eines Unternehmens erfasst und nach ihrer Wichtigkeit geordnet. Dabei ist zu berücksichtigen, dass sich Stärken und Schwächen auf die momentane Situation des Unternehmens beziehen, während Chancen und Risiken die Situation des Unternehmens im Umfeld des Wettbewerbs zeigen. Der nächste Schritt befasst sich mit den internen und externen Einflussfaktoren, welche nun in Beziehung gebracht werden. Daraus folgen vier Denkweisen zur Entwicklung von Strategien, die, wie in folgender Abbildung ersichtlich, in eine Matrix eingetragen werden können.[126] Sie wird grafisch mittels einer 2x2-Matrix dargestellt, in der die Stärken und Schwächen den Chancen und Risiken gegenübergestellt werden (siehe Abbildung 4).[127]

	Chancen (Opportunities)	**Risiken (Threats)**
Stärken (Strenghts)	**SO-Strategien** Setzen auf Stärken, um Chancen zu nutzen	**ST-Strategien** Stärken nutzen, um Risiken zu vermeiden
Schwächen (Weaknesses)	**WO-Strategien** Schwächen überwinden, um Chancen zu nutzen	**WT-Strategien** Schwächen minimieren und Risiken vermeiden

Abbildung 4: SWOT-Analyse (Quelle: Deltl, 2004, S. 93.)

Die Stärken und Schwächen sind die vom Kunden wahrgenommenen Charakteristika des Unternehmens. Die Chancen und Risiken hingegen werden durch Umwelteinflüsse bestimmt. Aus der Grafikdarstellung lassen sich sowohl Umwandlungs- bzw. Neutralisationsstrategien bei

---

124 Vgl. Romppel, 2006, S. 195.

125 Pfaff, 2005a, S. 86.

126 Vgl. Romppel, 2006, S. 195f.

127 Vgl. Pfaff, 2005a, S. 86.

Schwächen und Risiken als auch Investitionsstrategien bei Stärken und Chancen ableiten. Ziel dabei ist es, den Erfolg eines Unternehmens langfristig zu sichern und zu steigern.[128] Abbildung 5 zeigt die SWOT-Analyse am Beispiel des Automobilsektors.[129]

extern / intern	**Chancen (Opportunities)**	**Risiken (Threats)**
Stärken (Strenghts)	**SO** • Auf dem chinesischen Markt lassen sich auch Luxus-PKW verkaufen. • Die Nachfrage nach sportlichen Fahrzeugen ist ungebrochen.	**ST** • Neue Anbieter drängen in das Luxussegment mit derzeit noch qualitativ schlechteren Produkten. • In verschiedenen Ländern sind Sättigungserscheinungen im Luxussegment auszumachen.
Schwächen (Weaknesses)	**WO** • In Osteuropa öffnet sich das Segment für Kleinwagen. • Die off-road-Fahrzeuge erfreuen sich großer Beliebtheit.	**WT** • Eine drastische Erhöhung der Mineralölsteuer fördert den Absatz von Kompaktfahrzeugen. • Der steigende Benzinpreis ist dem Absatz verbrauchsarmer Fahrzeuge zuträglich.

Abbildung 5: Beispiel für eine SWOT-Analyse (Quelle: Esch/Herrmann/Sattler, 2008, S. 165.)

Aus dieser Analyse lassen sich Normstrategien ableiten, welche den Leitgedanken *Stärken betonen, Schwächen vermeiden* verfolgen. Die **SO**-Situation stellt für Unternehmen einen Idealfall dar. Interne Stärken, welche auf Umweltchancen treffen, existieren und sind zudem auch noch sehr ausgeprägt. In einer solchen Situation liegt es nahe, die Wettbewerbsposition weiter auszubauen. In einer **WO**-Situation verfolgt das Unternehmen das Ziel, vorhandene interne Schwächen zu verringern bzw. zu beseitigen, um sich den Chancen des Umfeldes widmen zu können. Hierbei sollte das Unternehmen versuchen, die Schwächen in Stärken umzuwandeln, um so eine **SO**-Situation zu schaffen. Hilfreich könnten dafür beispielsweise Kooperationen mit anderen Unternehmen sein. In einer **ST**-Situation erfüllen die Stärken des Unternehmens den Zweck, die Gefahren des Umfeldes zu minimieren oder zu vermeiden. Befindet sich ein Geschäftsfeld in einer **WT**-Situation, so ist zurückhaltendes Verhalten gefragt. Auf der einen Seite sollten die internen

---

[128] Vgl. Pfaff, 2005a, S. 86f.

[129] Vgl. Esch/Herrmann/Sattler, 2008, S. 165.

Schwächen reduziert werden, auf der anderen Seite geht es darum, die Gefahren des Umfeldes zu umgehen.[130]

Die SWOT-Analyse weist zahlreiche Vorteile auf. Zum einen ermöglicht sie eine breite Anwendbarkeit auf jeder Ebene des Unternehmens, auf Wettbewerber und Märkte, zum anderen ist sie leicht verständlich und einfach und schnell durchzuführen. Auch benötigt sie keinen großen Ressourcenaufwand, kann als effektives Teambuilding-Instrument verwendet werden und dient als gute Grundlage für andere Konkurrenzanalysen. Jedoch ist dieses Modell rein deskriptiv ohne strategische Empfehlungen, und das Konzentrieren auf aktuelle Stärken und Schwächen kann das Entwickeln kreativer Handlungsmaßnahmen beeinträchtigen. Die SWOT-Analyse ist anfällig für unternehmensinterne Glaubenssätze, es besteht die Gefahr der sogenannten Betriebsblindheit, somit erweist es sich als durchaus sinnvoll, einen externen Berater ergänzend hinzuzuziehen.[131] Nachteilig an der SWOT-Analyse ist weiters anzumerken, dass sie vor allem dann herangezogen wird, um eines der Geschäftsfelder zu analysieren. Meistens ermöglicht diese Analysemethode keine Gesamtsicht des Unternehmens im Sinne der Summe verschiedener Tätigkeitsbereiche.[132] Jedoch können mittels der SWOT-Analyse nicht nur einzelne Wettbewerber, sondern sogar das ganze Unternehmensumfeld betrachtet werden. Ein weiterer positiver Punkt ist, dass auch Zukunftswerte in die Überlegungen eingegliedert werden können.[133]

2.6.3 Produktlebenszyklusanalyse

Die Produktlebenszyklusanalyse, auch Product Life Cycle-Analyse (PLC) genannt, befasst sich damit, welche Entwicklung der Umsatz eines Produkts im Laufe seiner Existenz durchläuft.[134] Dieses Modell begründet sich aus der Überlegung, dass zwischen dem Leben biologischer Organismen und dem sogenannten ökonomischen Leben von Produkten gewisse Parallelen gezogen werden können.[135] Es wird angenommen, dass ein jedes Produkt nur eine begrenzte Lebensdauer

---

[130] Vgl. Esch/Herrmann/Sattler, 2008, S. 166.

[131] Vgl. Romppel, 2006, S. 196.

[132] Vgl. Esch/Herrmann/Sattler, 2008, S. 166.

[133] Vgl. Pfaff, 2005a, S. 87.

[134] Vgl. Romppel, 2006, S. 220.

[135] Vgl. Becker, 2006, S. 723.

hat und die einzelnen Zyklusphasen unterschiedliche Gewinn- und Absatzpotentiale aufweisen.[136] Kotler/Keller/Bliemel zufolge ist der Produktlebenszyklus „für das Marketing ein wichtiges Konzept und bringt Erkenntnisse über die Wettbewerbsdynamik eines Produkts mit sich.“[137]

Der Produktlebenszyklus stellt den Absatzmengenverlauf dar, in diesem befinden sich unterschiedliche Phasen. Eine gängige Darstellung des Produktlebenszyklus zeigt die Entwicklung des Umsatzes und Gewinnes eines idealen Produkts als S-förmige Kurve, welche in fünf Abschnitte gegliedert ist: Einführung, Wachstum, Reife, Sättigung und Rückgang (siehe Abbildung 6):[138]

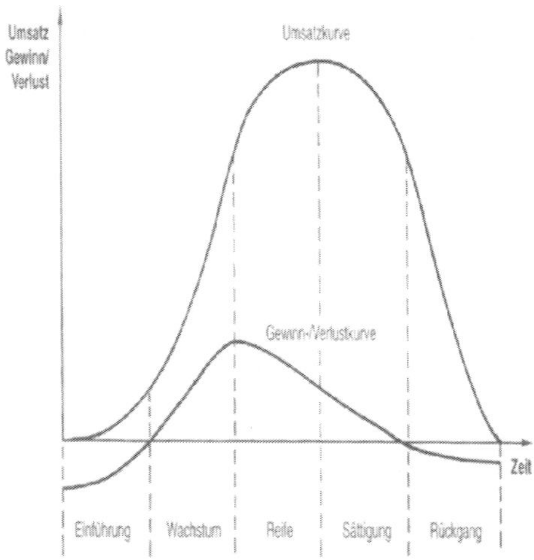

Abbildung 6: Fünfphasiges Produktlebenszyklus-Modell (Quelle: Becker, 2006, S. 724.)

Es folgt eine kurze Beschreibung der verschiedenen Zyklusphasen:

---

136 Vgl. Homburg/Krohmer, 2006, S. 119.

137 Kotler/Keller/Bliemel, 2007, S. 1002.

138 Vgl. Becker, 2006, S. 723f.

- **Einführungsphase**

Die Einführungsphase reicht von der Markteinführung des Produkts bis zum Erreichen der Gewinnschwelle.[139] In dieser Phase werden vom Unternehmen noch keine Gewinne aufgrund der hohen Einführungskosten erwirtschaftet. Konkurrenten gibt es nur einige in dieser Phase. Ziel des Unternehmens ist es, das Produkt den potenziellen Käufern bekannt zu machen und eventuell erste Käufe herbeizuführen.[140]

- **Wachstumsphase**

Die Wachstumsphase umfasst den Bereich vom Erreichen der Gewinnschwelle bis zum Punkt des höchsten Gewinnes.[141] Dieser Phasenabschnitt ist gekennzeichnet von zunehmender Akzeptanz seitens des Marktes und merklichen Gewinnzuwächsen. Aber auch die Zahl der Konkurrenten nimmt in der Wachstumsphase zu, somit verfolgt das Unternehmen nun das Ziel, den größtmöglichen Marktanteil zu erreichen.[142]

- **Reifephase**

Die Reifephase ist jene Zone vom Punkt des höchsten Gewinnes bis zum Punkt des höchsten Umsatzes.[143] Sie ist jener Abschnitt, in dem die Zuwachsraten und auch die Zahl neuer Käufer geringer werden, da das Produkt schon von den meisten möglichen Käufern akzeptiert ist. Aufgrund des größeren Marketingaufwands, welcher benötigt wird, um die Marktposition des Produkts gegenüber der Konkurrenz zu halten, beginnen die Gewinne in dieser Phase zu stagnieren. Die Anzahl der Konkurrenten bleibt vergleichsweise zur Wachstumsphase nahezu unverändert, jedoch setzt bereits eine Tendenz nach unten ein.[144]

---

[139] Vgl. Becker, 2006, S. 723.

[140] Vgl. Kotler/Keller/Bliemel, 2007, S. 1004.

[141] Vgl. Becker, 2006, S. 724.

[142] Vgl. Kotler/Keller/Bliemel, 2007, S. 1004.

[143] Vgl. Becker, 2006, S. 724.

[144] Vgl. Kotler/Keller/Bliemel, 2007, S. 1004.

- **Sättigungsphase**

Die Sättigungsphase umfasst jenen Bereich vom höchsten Punkt des Umsatzes bis zum Beginn der Verlustzone.[145] Die Entwicklung des Umsatzes ist erstmals regressiv. Das Marktpotenzial ist ausgeschöpft, der Markt ist gänzlich gesättigt, die relative Bedeutung von Ersatzprodukten steigt.[146]

- **Rückgangsphase**

Die Rückgangsphase reicht von Beginn der Verlustzone bis zum Herausnehmen des Produkts aus dem Markt.[147] In dieser letzten Phase minimiert sich das Verkaufsvolumen und die Gewinne nehmen ab. Auch die Zahl der Konkurrenten fällt. Das Unternehmen muss entscheiden, ob es das Produkt aus dem Markt nimmt oder für seine Stammkunden aufrecht erhalten will.[148]

Die Dauer eines einzelnen Lebenszyklus kann unterschiedlich lang sein, sie ist vom jeweiligen Produkt abhängig. Beispielsweise ist der Lebenszyklus eines PKWs ungefähr um ein Drittel länger als der eines Mobiltelefons. Laut Kairies definiert sich der Lebenszyklus durch die Zeitdauer, er beginnt ab dem Zeitpunkt, an dem das Produkt verkauft wird, und endet, wenn in die Entwicklung eines neuen Produkts investiert werden muss. Anhand dieser Informationen kann das Unternehmen erkennen, wann ein Konkurrent wahrscheinlich ein Nachfolgeprodukt auf den Markt bringen wird. Somit ist es für das Unternehmen ratsam, seine Maßnahmen und Aktivitäten darauf auszurichten.[149]

Die Produktlebenszyklusanalyse stellt sowohl einen konzeptionellen als auch einen normativen Rahmen bereit. Ersterer ermöglicht ein Verstehen der Marktdynamik, aus dem zweiten Rahmen

---

[145] Vgl. Becker, 2006, S. 724.

[146] Vgl. Bruhn, 2004, S. 63.

[147] Vgl. Becker, 2006, S. 724.

[148] Vgl. Kotler/Keller/Bliemel, 2007, S. 1004.

[149] Vgl. Kairies, 2007, S. 77.

lassen sich unterschiedliche Marketingstrategien formulieren.[150] Für die Ableitung strategischer Maßnahmen werden die eigenen Produkte und jene der Hauptkonkurrenten einer bestimmten Phase des Lebenszyklus zugeteilt. Folgende Strategiemöglichkeiten stehen dem Unternehmen zur Verfügung:[151]

Produktstrategien: Mittels Produktverbesserungen oder -differenzierungen kann in der Reifephase den Sättigungserscheinungen am Markt entgegengewirkt werden.

Instrumentalstrategien: Der Bekanntheitsgrad des Produkts in der Einführungsphase sollte durch hohe Werbeeinsätze möglichst schnell gesteigert werden.

Absatzmittlerstrategien: In der Wachstumsphase ist es ratsam, durch attraktive Konditionen oder andere Handlungen weitere Absatzmittler zu gewinnen.

Konkurrenzstrategien: Durch Preissenkungen kann in der Sättigungsphase dem Hauptkonkurrenten begegnet werden, um die eigene Marktposition zu verbessern.

Bei Durchführung einer Produktlebenszyklusanalyse ist es ratsam, wie folgt vorzugehen: Zunächst sollte das Unternehmen die mögliche Nachfrage des geplanten Produkts einschätzen. Danach wird mit Hilfe der klassischen Marktforschung oder durch Befragung einer Expertengruppe eine Preisspanne bestimmt, und Prognosen, auf verschiedenen Preisen basierend, hergeleitet. Das Unternehmen muss dabei jedoch die Möglichkeit eines Preisdrucks aufgrund von Wettbewerbsangeboten berücksichtigen.[152] Romppel empfiehlt, eine grundsätzliche Marktstrategie für die Wachstumsphase zu entwickeln, entweder eine Abschöpfungs- oder Marktdurchdringungsstrategie. Des Weiteren soll vom Unternehmen bestimmt werden, ob es eine Produktform, eine Klasse von Produkten oder eine Marke analysieren möchte. Romppel bemerkt, dass sich in der Praxis vor allem das Untersuchen der Produktform bewährt hat. Nun hat das Unternehmen die Aufgabe, die Wendepunkte, damit ist der Übergang von einer Phase zur nächsten gemeint, zu prognostizieren. Dies ist ein besonders wichtiger Schritt, da jeder Wendepunkt des Produktlebenszyklus eine andere Strategie verlangt. Die Strategien einer jeden Phase werden weiter

---

150 Vgl. Romppel, 2006, S. 220f.

151 Vgl. Bruhn, 2004, S. 64.

152 Vgl. Romppel, 2006, S. 221.

ausformuliert und ein Stufenplan wird entwickelt. Es soll dabei vom Unternehmen stets die Entwicklung anderer Produktlebenszyklen beobachtet werden.[153]

Die Vorteile einer Produktlebenszyklusanalyse sind, dass sie schnell umsetzbar ist und eine Grundlage für viele Strategieansätze bietet. Auch kann eine Validität bei bereits verfügbaren Produkten nachgewiesen werden. Jedoch gibt es in der Praxis viele Gegenbeispiele an Produkten, welche eine jahrzehntelange und unveränderte Erfolgsgeschichte aufweisen können. Ebenso läuft das Unternehmen Gefahr, dass der selbst vorhergesagte Niedergang zur *self-fulfilling prophecy* werden kann.[154]

Eine Produktlebenszyklusanalyse durchzuführen, die Entwicklung des Umsatzes eines Produkts zu beobachten, ist für die Konkurrenzforschung deshalb von so großer Bedeutung, da sich im Zuge dessen die beschriebenen Ursachen für den Wettbewerb verändern: Die Wachstumsraten ändern sich, und die Differenzierung der Produkte nimmt ab, sobald die Branche sich dem Stadium der Reife nähert. Diese Trends an sich sind im Grunde nicht besonders bedeutungsvoll. Entscheidend ist vielmehr, ob sie die Ursachen des Wettbewerbs beeinflussen.[155] Porter veranschaulicht dies anhand eines kleinen Beispiels: „In der reifenden Minicomputer-Branche findet derzeit eine weit reichende vertikale Integration sowohl bei der Herstellung als auch in der Softwareentwicklung statt. Diese äußerst wichtige Entwicklung steigert die Skaleneffekte erheblich. Sie sorgt auch dafür, dass höhere Kapitalbeträge nötig sind, um in der Branche wettbewerbsfähig zu bleiben. Dadurch werden wiederum die Markteintrittsbarrieren höher. Sobald die Wachstumsraten stagnieren, wird wahrscheinlich so manches kleine Unternehmen aus der Branche gedrängt."[156]

2.6.4 Portfolio-Methode

Die Portfolio-Methode hat sich zu einem modernen Denkschema und Instrument der Konkurrenzforschung sowie auch der Unternehmensführung etabliert. Sie wurde früher aufgrund der Vorstellung entwickelt, ideale Aktienpakete zusammenzustellen. Seit Mitte der 70er Jahre wird diese Methode vermehrt als Entscheidungsstütze in der Industrie über die bestmögliche Verteilung

---

[153] Vgl. Romppel, 2006, S. 221f.

[154] Vgl. Romppel, 2006, S. 222.

[155] Vgl. Porter, 2004, S. 48.

[156] Porter, 2004, S. 48.

von Ressourcen und Marketingaktivitäten verwendet.[157] Ein Portfolio ist „die Gesamtheit der Produkte und/oder Dienstleistungen, mit denen sich die Unternehmung zu einem gegebenen Zeitpunkt auf dem Markt präsentiert."[158] Das Portfolio erfreut sich deshalb so großer Beliebtheit und Anerkennung, da es die Beziehung zwischen Rentabilität, Cashflow, Wert, Verschuldungskapazität, Wachstums- und Dividendenpotenzial und Wettbewerbsfähigkeit darstellt. Nur wenn ein Unternehmen über ein abgestimmtes Portfolio verfügt, kann es Wachstumschancen voll nützen. Wichtig für die Aussagekraft des Portfolios ist jedoch, die Geschäfte des Unternehmens richtig zu segmentieren. Das Portfolio muss permanent analysiert werden, denn nichts ist von Dauer. Positionen im Portfolio gleichen Bilanzen, sie sind Momentaufnahmen mit eigener Dynamik. Heutzutage ist es wichtig, das Portfolio stets zu hinterfragen. Konkurrenten, Branchengrenzen und Wettbewerbsvorteile ändern sich nahezu täglich, das unternehmenseigene Portfolio sollte diese Veränderungen reflektieren.[159]

Das Zusammenfügen von einzelnen Analysemerkmalen zu einem Ganzen bildet den Mittelpunkt einer Portfolio-Analyse. Dabei wird analog dazu ein Unternehmen als ein Portfolio, das heißt als eine Gesamtheit von sogenannten strategischen Geschäftseinheiten (SGE) aufgefasst.[160] Nieschlag/Dichtl/Hörschgen definieren die SGE als eine „möglichst homogene und isoliert ansprechbare Planungseinheit, die durch einen definierten Markt und durch klar abgrenzbare Produkte charakterisiert ist (Produkt-Markt-Kombination) und eine spezifische Konkurrenz aufweist."[161] Daten für die Koordination sind aus der Stärken/Schwächen-Analyse erhältlich. Die Portfolio-Methode geht davon aus, dass jene auf der X-Achse aufgetragenen Größen vom eigenen Unternehmen veränderbar sind (unternehmensinterner Faktor), wohingegen die auf der Y-Achse aufgetragenen Größen nicht oder nur kaum vom Unternehmen beeinflussbar sind (unternehmensexterne Erfolgsgröße).[162]

Portfolios eignen sich sehr gut zur Veranschaulichung und Visualisierung von Wettbewerbspositionen. Sie schaffen dem Unternehmen einen umfassenden Überblick über aktuelle

---

[157] Vgl. Kairies, 2007, S. 79.

[158] Hinterhuber, 2004, S. 148.

[159] Vgl. Oetinger, 2000, S. 339ff.

[160] Vgl. Nieschlag/Dichtl/Hörschgen, 2002, S. 118.

[161] Nieschlag/Dichtl/Hörschgen, 2002, S. 118.

[162] Vgl. Kairies, 2007, S. 79.

Erkenntnisse und Daten sowie Entwicklungen und Prognosen. Jedoch ist zu beachten, dass durch die starke Zusammenfassung gleichartiger Einzelgrößen zu Gesamtgrößen zur übersichtlichen Visualisierung Details verloren gehen können. Dem kann jedoch durch eine gute Dokumentation der Herleitung entgegengewirkt werden. Die zugrunde liegenden Hypothesen sollten präzise erläutert werden, um die Aussagekraft nicht zu mindern. Allerdings sollte die Aussagekraft einer Portfolio-Analyse nicht überschätzt werden. Daher ist es für Unternehmen ratsam, diese immer in Kombination mit einer anderen Analysemethode anzuwenden.[163] Auch Kairies weist Unternehmen darauf hin, die Portfolio-Methode nicht als einzige Analysemethode für eine strategische Entscheidung heranzuziehen, sondern diese gemeinsam mit anderen Analysemethoden, wie z.B. der Stärken/Schwächen-Analyse, zu verwenden.[164]

In der Praxis finden verschiedene Portfolio-Methoden an Verwendung, folgend werden das Marktwachstum/Marktanteil- und das Marktattraktivität/Wettbewerbsstärke-Portfolio näher erläutert.

2.6.4.1 BCG-Portfolio

Das BCG-Portfolio, eine Vier-Felder-Matrix, wurde von der Boston Consulting Group (BCG) entwickelt und hat sich als diagnostisches Instrument durchgesetzt. Auch heute noch ist es so aktuell wie vor 20 Jahren.[165] Es soll Managern verschiedenster Unternehmen ermöglichen, die optimale Zusammensetzung aus Produkten und Geschäftseinheiten zu finden. Das BCG-Portfolio integriert zwei weitere Konzepte: die Erfahrungskurve und den Produktlebenszyklus. Das BCG-Portfolio, auch Marktwachstum/Marktanteil-Portfolio genannt, ist ein geeignetes Instrument, das unternehmenseigene Produktportfolio relativ zum Wettbewerb darzustellen.[166] Die Idee dieser Methode ist es, „dass der durch Produkte generierbare Cashflow mit dem Erfolg eines Produkts korreliert.“[167] Daraus folgt, dass Produkte, deren Marktanteil relativ hoch ist, besonders anstrebens-

---

[163] Vgl. Michaeli, 2006, S. 323f.

[164] Vgl. Kairies, 2007, S. 79.

[165] Vgl. Oetinger, 2000, S. 339.

[166] Vgl. Romppel, 2006, S. 185.

[167] Michaeli, 2006, S. 324.

und verteidigenswert sind. Als Achsen werden Marktwachstum und relativer Marktanteil verwendet.[168]

Das BCG-Portfolio unterscheidet vier unterschiedliche Produkttypen (siehe Abbildung 7). Vorab jedoch muss sich das Unternehmen in strategische Geschäftseinheiten unterteilen, welche dann nach Messung des Marktwachstums und des relativen Marktanteils in das Portfolio eingetragen werden.[169] Der relative Marktanteil berechnet sich aus dem Marktanteil des Unternehmens pro Marktanteil des stärksten Konkurrenten.[170]

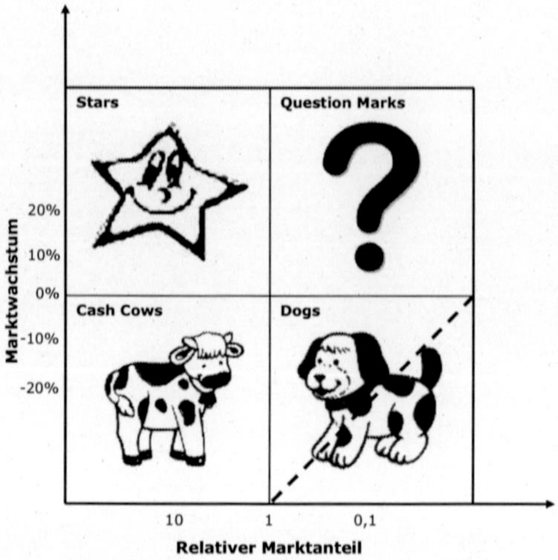

Abbildung 7: BCG-Portfolio (Quelle: Michaeli, 2006, S. 325.)

Es folgt eine kurze Erläuterung der vier unterschiedlichen Produkttypen:

- **Stars (*Sterne*) - Wachstumsstrategie**

Stars liegen im oberen linken Quadranten. Sie entstehen in Märkten, die schnell wachsen, und Unternehmen haben hohe Investitionen zu tätigen, damit sich diese Produkte gegen die

[168] Vgl. Michaeli, 2006, S. 324.

[169] Vgl. Romppel, 2006, S. 185.

[170] Vgl. Hinterhuber, 2004, S. 163.

Konkurrenz durchsetzen und einen relativ hohen Marktanteil erreichen können.[171] Typische *Stars* sind innovative Produkte, welche sich noch in der Wachstumsphase befinden. Unternehmen verfolgen das Ziel, dass sich ihre *Stars* zu künftigen *Cash Cows* entwickeln. Die Erträge dieser Produkte sind anfangs noch relativ gering, jedoch sollte das Unternehmen in sie investieren. Das Produkt sollte weiter angepasst und optimiert werden, um mit wachsendem Marktanteil die Position gegenüber der Konkurrenz zu verteidigen.[172] *Stars* verfolgen eine aggressive Strategie, um Marktanteile dazuzugewinnen. Das Unternehmen soll mit Hilfe der *Stars* die Marktführerschaft anstreben und erweitern.[173] Falls die Marktführerschaft gehalten wird, entwickeln sich *Stars* zu *Cash Cows*, ansonsten werden sie zu *Dogs*.[174]

- **Question Marks (*Fragezeichen*) – Offensivstrategie**

Question Marks befinden sich im oberen rechten Quadranten. Es sind Produkte, die in einem rasch wachsenden Markt nur einen geringeren Marktanteil innehaben.[175] Es gibt zwei Möglichkeiten, warum ein Produkt in diesem Bereich liegt: entweder wird es erst seit Kurzem verkauft, oder das Produkt wird, falls es sich schon einige Jahre auf dem Markt befindet, von den Marktteilnehmern nicht zur Gänze akzeptiert.[176] Die zukünftige Entwicklung von *Question Marks* ist unklar, es kann nicht mit Sicherheit gesagt werden, wie sich die Märkte entwickeln werden und ob sich die erforderlichen hohen Investitionen verglichen zu den doch geringen Marktanteilen bezahlt machen.[177] Bestehen bei diesen Produkten jedoch Chancen und Möglichkeiten, deren Marktanteile zu steigern, dann sollte das Unternehmen weitere Investitionen tätigen. Ansonsten muss es sich die Frage stellen, warum der Marktanteil bloß so

---

[171] Vgl. Henderson, 1972, S. 347.

[172] Vgl. Kairies, 2007, S. 81.

[173] Vgl. Michaeli, 2006, S. 324f.

[174] Vgl. Henderson, 1972, S. 347.

[175] Vgl. Henderson, 1972, S. 347f.

[176] Vgl. Kairies, 2007, S. 81.

[177] Vgl. Michaeli, 2006, S. 324f.

gering ist, denn vielleicht liegt der Grund beim Produkt selbst, eventuell aufgrund von mangelnden Produkteigenschaften oder fehlenden USPs (Unique Selling Propositions).[178]

- **Dogs (*Arme Hunde*) – Desinvestitionsstrategie**

Dogs liegen im unteren rechten Quadranten. Dieses Produkt hat sowohl einen geringen Marktanteil als auch ein geringeres Wachstum. Es befindet sich in schrumpfenden Märkten. Typische *Dogs* sind Produkte, welche sich in der Rückgangsphase befinden. Sie sind im Grunde wertlos.[179] Unternehmen sollten in die *Dogs* nichts mehr investieren, zusätzliche Marketingmaßnahmen rentieren sich nicht mehr. Dies gilt jedoch vorrangig für Produkte unterhalb der gestrichelten Linie, für Produkte, die sich darüber befinden, gibt es eventuell noch die Möglichkeit, sich zu entwickeln.[180]

- **Cash Cows (*Milchkühe*) – Gewinnstrategie**

Cash Cows liegen im unteren linken Quadranten, sie befinden sich entweder in kaum wachsenden oder stagnierenden Märkten. Diese Produkte sind häufig die ehemaligen *Stars*. *Cash Cows* bringen dem Unternehmen Gewinn und schaffen somit wichtige finanzielle Ressourcen. Sie zahlen die Dividenden und die Zinsen auf das Fremdkapital. Zudem decken sie die zentralen Gemeinkosten.[181] Die sogenannten *Milchkühe* sollen vom Unternehmen gemolken werden, das heißt, dass möglichst keine Veränderungen des Produkts mehr stattfinden und auch nichts mehr investiert werden soll. Dennoch muss das Unternehmen versuchen, die Marktposition so gut wie nur möglich zu halten. Wichtiger aber ist, die Aufmerksamkeit der Entwicklung eines Nachfolgeprodukts zu schenken.[182]

Aufgabe dieser Analysemethode ist es, die Wettbewerber pro Marktsegment zu eruieren, und die von den Wettbewerbern für die jeweiligen Produkte erzielten Umsätze festzustellen. Auch müssen

---

178 Vgl. Kairies, 2007, S. 80f.

179 Vgl. Henderson, 1972, S. 347.

180 Vgl. Michaeli, 2006, S. 325.

181 Vgl. Henderson, 1972, S. 347.

182 Vgl. Kairies, 2007, S. 81.

die zukünftige Marktentwicklung und das mögliche Konkurrenzverhalten in den jeweiligen Bereichen festgestellt werden. Dazu benötigt das Unternehmen Wettbewerberkenntnisse, vor allem über die Produktstrategie der Wettbewerber hinsichtlich der Konkurrenzprodukte, um das eigene Produktportfolio verbessern zu können.[183] Auch Romppel schlägt vor, die doch statische Analyse in eine dynamische mittels Integration zeitgebundener Daten, wie der Erfahrungskurve oder dem Produktlebenszyklus, umzuwandeln.[184]

Die Entwicklung eines BCG-Portfolios erfolgt folgendermaßen: Zuerst wird vom Unternehmen bestimmt, welche Produkte bzw. Produktgruppen veranschaulicht werden sollen. Empfehlenswert für das Unternehmen wäre es, wenn es sich nur auf strategisch wichtige Produkte sowie Produkte mit einem großen Umsatzvolumen beschränkt. Das gesamte Umsatzvolumen der für das BCG-Portfolio gewählten Produkte sollte in Summe ca. 60-70% des Gesamtunternehmens ausmachen. Nun hat das Unternehmen die Aufgabe, die Marktanteile der ausgewählten Produkte sowie der analogen Produkte der zwei stärksten Konkurrenten zu bestimmen. Jenes Produkt mit dem größten Marktanteil, es kann vom Unternehmen selbst oder einem Mitbewerber stammen, wird im BCG-Portfolio zu 100% gesetzt, all die anderen Produkte beziehen sich in Folge auf diese 100%. Nun hat das Unternehmen das Marktwachstum zu bestimmen. Marktforschungsinstitute oder branchenbezogene Statistiken können dem Unternehmen bei diesem Vorgehen hilfreich sein. Nachdem diese Schritte durchgeführt wurden, können die Produkte als Kreise, der Durchmesser gibt dabei die Umsatzgröße an, in das Portfolio eingetragen werden. Daraus folgend können vom Unternehmen Strategien abgeleitet und in konkrete Marketingmaßnahmen umgesetzt werden. Es empfiehlt sich, das Ergebnis unbedingt mit Ergebnissen anderer Konkurrenzanalysen zu ergänzen.[185]

Vorteile des BCG-Portfolios sind, dass bei mehrmaliger Anwendung Trends aufgezeigt werden und daher zukünftige Entwicklungen feststellbar sein können, auch sind die erhaltenen Ergebnisse leicht verständlich. Nachteilig an diesem Portfolio ist jedoch, dass neue Wettbewerber zu spät wahrgenommen werden, die Marktdynamik seitens der Lieferanten nicht bedacht wird, und dass es

---

183 Vgl. Michaeli, 2006, S. 325f.

184 Vgl. Romppel, 2006, S. 185.

185 Vgl. Kairies, 2007, S. 79f.

praktische Implementierungsprobleme gibt. Daher ist das BCG-Portfolio zwecks Überblick gut, jedoch sollte es zusammen mit anderen Analysemethoden verwendet werden.[186]

Das Verwenden eines BCG-Portfolios ist nicht für ein jedes Unternehmen geeignet, es sei denn, das Unternehmen findet vergleichbare Produkte auf vergleichbaren Märkten. Ansonsten empfiehlt es sich, besonders bei Systemen und im Investitionsgüterbereich, das McKinsey-Portfolio anzuwenden.[187]

2.6.4.2 McKinsey-Portfolio

Das McKinsey- oder auch Marktattraktivität/Wettbewerbsstärke-Portfolio wurde von der General Electric Company und dem Beratungsunternehmen McKinsey auf der Grundlage empirischer Feststellungen entwickelt. Es stellt ähnlich wie das BCG-Portfolio das Produktportfolio eines Unternehmens dar, jedoch in einer Neun-Felder-Matrix.[188] Mittels dieser Matrix können sowohl das Unternehmen als auch die Konkurrenten bewertet werden.[189]

Ein wesentlicher Vorteil dieses Portfolios ist die deutlich größere Flexibilität. Die Achsen dieses Portfolios sind Marktattraktivität und relativer Wettbewerbsvorteil.[190] Unter Marktattraktivität werden die Erfolgsperspektiven eines Marktes verstanden, unter dem relativen Wettbewerbsvorteil die Marktposition im Verhältnis zum stärksten Konkurrenten.[191] Beim Marktwachstum wird nur das Wachstum in % beachtet, zur Marktattraktivität gehören neben dem Wachstum z.B. auch noch Marktgröße, Markteintrittsbarrieren oder Infrastruktur.[192] Die Bestimmung der Marktattraktivität hat die Aufgabe, jene momentanen und zukünftigen Gegebenheiten des Marktes und des Umfelds darzustellen, die zweckmäßig erscheinen, die Chancen von SGE zu beurteilen. Der relative Wettbewerbsvorteil reflektiert die Stärke des Unternehmens vergleichsweise zum jeweils stärksten Wettbewerber. Dabei werden sowohl die internen Gegebenheiten als auch die Erkenntnisse der

---

186 Vgl. Romppel, 2006, S. 185f.

187 Vgl. Kairies, 2007, S. 81.

188 Vgl. Nieschlag/Dichtl/Hörschgen, 2002, S. 143.

189 Vgl. Hinterhuber, 2004, S. 149.

190 Vgl. Michaeli, 2006, S. 326f.

191 Vgl. Broda, 2005, S. 171.

192 Vgl. Kairies, 2007, S. 83f.

Konkurrentenanalyse berücksichtigt. Der relative Wettbewerbsvorteil kann anhand mehrerer Kriterien bewertet werden, wie z.B. anhand der relativen Marktposition, dem relativen Forschungs- und Entwicklungspotenzial oder der relativen Qualifikation der Führungskräfte und Mitarbeiter.[193] Es können nicht nur vorhandene Produkte analysiert, sondern auch geplante Produkte dargestellt werden. Für diesen Zweck muss die Wettbewerbspositionierung vermutet werden.[194]

Beim Erstellen eines McKinsey-Portfolios wird folgendermaßen vorgegangen: Zuerst muss das Unternehmen bestimmen, welche Produktgruppe mittels des McKinsey-Portfolios analysiert werden soll. Des Weiteren ist festzulegen, um welchen geografischen Markt und welche Zielgruppe es sich dabei handelt. Danach werden Marktattraktivität und Wettbewerbsstärke des eigenen sowie auch der konkurrierenden Unternehmen ermittelt. Aus diesen Nachforschungen soll das Unternehmen nun Ist-Portfolios erstellen und allgemeine Normstrategien für die neun Quadranten ableiten (siehe Abbildung 8):[195]

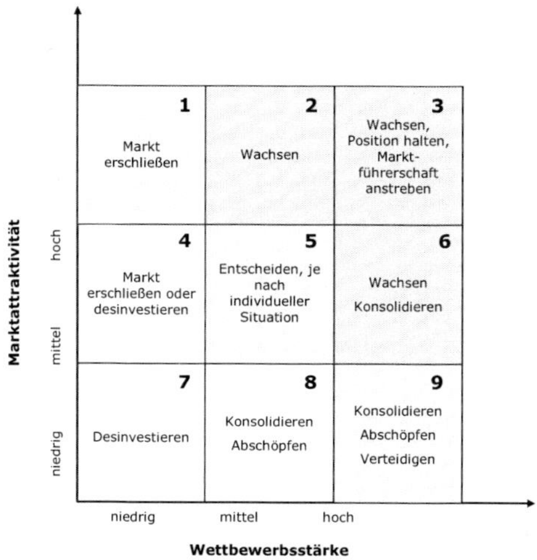

Abbildung 8: McKinsey-Portfolio (Quelle: Kairies, 2004, S. 84.)

Es folgt eine kurze Erklärung der einzelnen Normstrategien des McKinsey-Portfolios:

---

193 Vgl. Nieschlag/Dichtl/Hörschgen, 2002, S. 143.

194 Vgl. Michaeli, 2006, S. 326f.

195 Vgl. Kairies, 2007, S. 84f.

- **Investitions- und Wachstumsstrategien**

Investitions- und Wachstumsstrategien werden für jene SGE abgeleitet, deren Marktattraktivität und relative Wettbewerbsvorteile (bezogen auf den stärksten Konkurrenten) jeweils als mittel bis hoch bestimmt werden.[196] Sie sind im rechten oberen Bereich der Matrix positioniert (2, 3, 6), da sich die Marktposition der SGE gerade im Aufbau befindet und die Möglichkeit auf langfristigen Gewinn besteht (Zone der Mittelbindung).[197] Aufbau und Verteidigung von aussichtsvollen Wettbewerbsvorteilen erfordern meistens mehr finanzielle Ressourcen als die betreffenden Produkte erwirtschaften. Sie zeichnen sich durch eine negative Cashflow-Bilanz aus, welche durch andere Produkte wettgemacht werden muss. Die solide Wettbewerbsposition dieser Produkte ist zu festigen, Schwachstellen sind zu entfernen und potentielle Konkurrenten vom Markteintritt abzuhalten.[198]

- **Abschöpfungs- oder Desinvestitionsstrategien**

Sowohl die Marktattraktivität als auch die relativen Wettbewerbsvorteile dieser SGE werden als niedrig oder mittel qualifiziert.[199] Bei SGE, die in der linken unteren Zone liegen (4, 7, 8), sind Abschöpfungs- oder Desinvestitionsstrategien zu verfolgen (Zone der Mittelfreisetzung). Die SGE in dieser Position sind dadurch gekennzeichnet, dass ein maximaler Cashflow bei zugleich geringem Investitionsaufwand erlangt werden kann.[200] Solange ein positiver Deckungsbeitrag erwirtschaftet werden kann, ist die Maximierung des Cashflows anzustreben, um mit den freigewordenen Mitteln die Folgeprodukte unterstützen zu können.[201]

- **Selektive Strategien**

Für die restlichen SGE, die sich in der Umgebung der Diagonalen von links oben nach rechts unten befinden (1, 5, 9), muss das Management je nach Situation bestimmen, ob es sich bezahlt

196 Vgl. Hinterhuber, 2004, S. 163f.

197 Vgl. Nieschlag/Dichtl/Hörschgen, 2002, S. 144.

198 Vgl. Broda, 2005, S. 174.

199 Vgl. Hinterhuber, 2004, S. 166.

200 Vgl. Nieschlag/Dichtl/Hörschgen, 2002, S. 144.

201 Vgl. Broda, 2005, S. 174.

macht, in diese SGE weiter zu investieren oder ob es zweckvoller erscheint, eine Abschöpfungs- oder gar Desinvestitionsstrategie zu verfolgen (Zone der Selektion).[202] Drei Strategietypen können hierbei unterschieden werden: Offensivstrategien (bei hoher Marktattraktivität und geringen Wettbewerbsvorteilen), Defensivstrategien (bei hohen relativen Wettbewerbsvorteilen und niedriger Marktattraktivität) und Übergangsstrategien (bei Positionierung im mittleren Quadranten).[203]

Damit ein Unternehmen optimale Strategien aus dem McKinsey-Portfolio ableiten kann, ist neben dem eigenen auch das Portfolio der stärksten Konkurrenten zu prüfen. Jedoch ist dieser Vergleich allein nicht zielführend, wenn das Unternehmen über keine Kernkompetenzen verfügt oder nicht imstande ist, diese weiterzuentwickeln. Die Darstellung des Gesamtportfolios dient einerseits der Abschätzung der strategischen Möglichkeiten und andererseits der Festlegung des sinnvollsten Wettbewerbverhaltens. Durch Anwenden dieses Portfolio-Modells kann somit ein qualitatives Bild der momentanen Situation und der vermutlichen Entwicklung der Strategien der Konkurrenzunternehmen dargestellt werden. Ebenso sind bei der Analyse Ziel-Portfolios für die eigenen Produkte zu entwickeln.[204] Kairies empfiehlt Unternehmen, für die Durchführung einen Kosten- und Zeitplan zu verfassen. Auch beim McKinsey-Portfolio ist es notwendig, noch andere Analysemethoden mit einfließen zu lassen.[205]

2.6.5 Benchmarking

Im Zuge der Konkurrenzanalyse wurde in den vergangenen Jahren vermehrt das Konzept des Benchmarkings angewendet.[206] Backhaus und Voeth sehen Benchmarking als „einen kontinuierlichen Prozess, bei dem Strategien, Produkte, Prozesse und Methoden betrieblicher Funktionen über mehrere Unternehmen hinweg verglichen werden.“[207] Ziel und Leitgedanke des

---

202 Vgl. Nieschlag/Dichtl/Hörschgen, 2002, S. 144.

203 Vgl. Broda, 2005, S. 174f.

204 Vgl. Hinterhuber, 2004, S. 171ff.

205 Vgl. Kairies, 2007, S. 83ff.

206 Vgl. Backhaus/Voeth, 2007, S. 137.

207 Backhaus/Voeth, 2007, S. 137.

Benchmarkings sind, „die Stärken von anderen Vergleichspartnern zu identifizieren und gleichzeitig die entsprechenden Hintergründe dazu zu erarbeiten.“[208]

Im Vergleich zu den zuvor erläuterten Analysemethoden, bei denen die Möglichkeit besteht, Handlungen mehrerer unterschiedlicher Marktteilnehmer zu bestimmen, konzentriert sich Benchmarking auf eine gezielte und ausführliche Ermittlung nach Richt- und Vergleichswerten (*Benchmarks*), um die besten Verfahren der Unternehmen, die sogenannten *Best Practices*, genauestens darstellen zu können.[209] Durch Einsatz von Benchmarking ist es dem Unternehmen möglich, herauszufinden, ob und wie die konkurrierenden Unternehmen bestimmte Aufgabenstellungen besser als andere umsetzen können. Durch Benchmarking möchte das Unternehmen die besten Methoden und Praktiken übernehmen oder in weiterer Folge auch optimieren. Ursprünglich war Benchmarking dazu gedacht, andere Unternehmen zu analysieren. Mittlerweile wurde es erweitert und dient nun unter anderem auch dazu, Arbeitsprozesse oder Stabsfunktionen zu untersuchen. Benchmarking ist in vielen Unternehmen bereits ein Standardwerkzeug der Konkurrenzforschung.[210]

Im Vergleich zur klassischen Konkurrenzanalyse beinhaltet Benchmarking drei grundlegende Besonderheiten: Benchmarking beschränkt sich nicht bloß auf einen Vergleich der direkten Wettbewerber, sondern sucht branchenübergreifend nach neuen Lösungswegen. Weiters handelt es sich beim Benchmarking um keinen reinen Kennzahlenvergleich, auch Gründe des Abschweifens gegenüber anderen Unternehmen werden genau zu hinterfragen versucht. Ebenso versteht sich idealtypisches Benchmarking als wiederkehrender Prozess, sodass permanentes Lernen von der Konkurrenz gefördert wird.[211] „Damit ist Benchmarking in der Lage, durch den *Blick über den Tellerrand* innovative Ideen zu erzeugen.“[212]

Benchmarking wird häufig in vier verschiedene Ausprägungen unterteilt. In der Praxis lassen sich vier Grundtypen differenzieren, welche sich in den Eigenschaften der Benchmarking-Partner unterscheiden. Obwohl die verschiedenen Benchmarking-Ausprägungen unterschiedlich bezeichnet

---

[208] Kersten/Winter/Kern, 2006, S. 56.

[209] Vgl. Pfaff, 2005a, S. 84.

[210] Vgl. Kotler/Keller/Bliemel, 2007, S. 1099.

[211] Vgl. Backhaus/Voeth, 2007, S. 137.

[212] Backhaus/Voeth, 2007, S. 137.

werden, so ist die Vorgehensweise dennoch vergleichbar: Das Unternehmen vergleicht sich mit anderen Benchmarking-Unternehmen.[213]

Es folgt eine Beschreibung der vier Benchmarking-Grundtypen:

- **Internes Benchmarking**

Das interne Benchmarking macht es möglich, die eigenen Unternehmen oder Produktionsstätten auf Unterschiede zu prüfen. Die Datenerfassung ist in diesem Fall relativ einfach, sowohl Verfügbarkeit als auch Datenzugriff sind gut. Auch lässt sich internes Benchmarking einfach wiederholen.[214] Allerdings bietet diese Möglichkeit nur einen begrenzten Blickwinkel und stößt recht häufig auf interne Vorurteile und Widerstand.[215] Jedoch vor allem bei großen Unternehmen stellt sich des Öfteren heraus, dass unterschiedliche Unternehmenseinheiten enorm voneinander lernen können.[216]

- **Konzern-Benchmarking**

Vergleicht das Unternehmen unterschiedliche Bereiche, beispielsweise branchenspezifische Geschäftsfelder, so ist von Konzern-Benchmarking die Rede. Kersten/Winter/Kern stellen diese Methode anhand des Vergleichs zwischen der Motorenfertigung eines Großkonzerns dar, wobei ein Bereich die Schwermaschinenindustrie und der andere den Schiffbau betrifft.[217]

Vorteil ist, wie auch schon im internen Benchmarking, die gute Verfügbarkeit der Daten und Informationen. Es ist jedoch zu beachten, und dieser Punkt kann als kleiner Nachteil betrachtet werden, dass die Lösungsübertragbarkeit aufgrund der unterschiedlichen Bereiche eingeschränkt sein kann.[218]

---

213 Vgl. Kersten/Winter/Kern, 2006, S. 56.

214 Vgl. Kersten/Winter/Kern, 2006, S. 56.

215 Vgl. Deltl, 2004, S. 98f.

216 Vgl. Backhaus/Voeth, 2007, S. 137.

217 Vgl. Kersten/Winter/Kern, 2006, S. 56.

218 Vgl. Kersten/Winter/Kern, 2006, S. 56f.

- **Branchenübergreifendes Benchmarking**

Findet ein Vergleich zwischen Benchmarking-Partnern statt, welche in unterschiedlichen Branchen tätig sind, dann ist von einem branchenübergreifenden Benchmarking die Rede. Als Beispiel wird von Kersten/Winter/Kern der Vergleich von Lagerhaltungssystemen eines großen Versandhändlers mit denen eines Automobilherstellers angegeben.[219]

Positiv an diesem Benchmarking-Typ ist, dass diese Analysemöglichkeit zahlreiche neue Lösungs- und Handlungsvorschläge mit sich bringen kann, welche aus branchenexternen Ideen und Anstößen erfolgen.[220] Vielfach ist hier auch die Bereitschaft zur Informationsweitergabe um einiges höher als gegenüber direkten Konkurrenten. Als ein Nachteil kann sich, wie schon im Konzern-Benchmarking, die begrenzte Lösungsübertragung erweisen, höhere Abstraktions- und Adaptionsfähigkeiten sind notwendig.[221] Diese Art von Benchmarking verläuft immer partnerschaftlich.[222]

- **Konkurrenz-Benchmarking**

Der letzte der vier Benchmarking-Grundtypen ist das sogenannte Konkurrenz-Benchmarking. Ein Konkurrenz-Benchmarking kann z.B. im Bereich der Produktion von diversen Automobilherstellern stattfinden. Dabei vergleicht sich das eigene Unternehmen mit den konkurrierenden Unternehmen derselben Branche. Somit wird es ermöglicht, eine übersichtliche Darstellung der in derselben Branche tätigen Unternehmen zu erhalten. Infolgedessen können die sogenannten *Best-in-Class-Unternehmen* eruiert werden. Jedoch besteht die Gefahr einer zu wenig detaillierten Darstellung der Unternehmen, da aufgrund der herrschenden Konkurrenzsituation nur ein beschränkter Zugriff auf die Daten ermöglicht wird.[223] Diese Datenbeschaffungsprobleme bestehen aus dem Grund, da direkte Konkurrenten in den seltensten Fällen bereit sind, Informationen weiterzuleiten.[224]

---

219 Vgl. Kersten/Winter/Kern, 2006, S. 56f.

220 Vgl. Kersten/Winter/Kern, 2006, S. 56f.

221 Vgl. Backhaus/Voeth, 2007, S. 138.

222 Vgl. Deltl, 2004, S. 99.

223 Vgl. Kersten/Winter/Kern, 2006, S. 57.

224 Vgl. Backhaus/Voeth, 2007, S. 137f.

Möglichkeiten, die besten Durchführungspraktiken anderer Unternehmen ausfindig zu machen, sind unter anderem nach der Meinung und Einschätzung von Kunden oder Lieferanten zu fragen.[225]

Es gibt kein Standardvorgehen bei der Benchmarking-Durchführung, da ein jedes Unternehmen individuell zu prüfen ist. Dennoch kann sich das Unternehmen auf folgende Arbeitsschritte beziehen:[226] Zuerst wird vom Unternehmen bestimmt, auf welche Produkte oder Prozesse Benchmarking angewendet werden soll. Danach werden die zu messenden Leistungsfaktoren (*Benchmarks*) festgelegt.[227] Dann erst sollte eine Auswahl der zu vergleichenden Unternehmen getroffen werden. Hierbei sollte sich das Unternehmen an Wettbewerbsprofilen stützen, diese können z.B. mit Hilfe einer SWOT-Analyse bestimmt werden.[228] Sind diese Schritte durchgeführt, kann mit der Datengewinnung begonnen werden. Dabei ist zu beachten, dass sowohl interne als auch externe Daten beschafft werden müssen.[229] Jenes Unternehmen mit den besten Praktiken wird nun identifiziert und dessen Leistungen und Leistungsprozesse ermittelt, welche dann mit den unternehmenseigenen verglichen werden. Das Unternehmen versucht, Maßnahmen anzuwenden, um die eigene Leistungslücke zu schließen. Die Ergebnisse werden anschließend implementiert und laufend beobachtet.[230] Mittels dieser Durchführung wird dem Unternehmen die Möglichkeit geboten, die eigene Leistungsfähigkeit zu verbessern.[231]

Ziel dieser Analysemethode ist die Identifizierung der überlegenen Produkte oder Prozesse der Konkurrenz, um sie daraufhin zu analysieren, um gegebenenfalls die eigenen Produkte und Prozesse durch die erhaltenen Anregungen und Erkenntnisse daraufhin zu optimieren. Benchmarking-Analysen sollten jedoch von Unternehmen nicht unterschätzt werden, was den Aufwand betrifft, aussagekräftige Analysen zu erhalten.[232] Auch Kotler/Keller/Bliemel führen Kritikpunkte an, was die Durchführung von Benchmarking betrifft. Ihnen zufolge würde Benchmarking die Kreativität der Unternehmen behindern, Nachahmerprodukte sind die Folge. Auch benötigen solche Analysen

---

225 Vgl. Kotler/Keller/Bliemel, 2007, S. 1100.

226 Vgl. Pfaff, 2005a, S. 85f.

227 Vgl. Kotler/Keller/Bliemel, 2007, S. 1100.

228 Vgl. Michaeli, 2006, S. 280.

229 Vgl. Pfaff, 2005a, S. 85f.

230 Vgl. Kotler/Keller/Bliemel, 2007, S. 1100.

231 Vgl. Pfaff, 2005a, S. 85f.

232 Vgl. Michaeli, 2006, S. 280f.

einen sehr hohen Zeitaufwand. Eine weitere Gefahr für das Unternehmen besteht darin, sich allzu stark auf die Konkurrenten, anstatt auf die Kunden zu konzentrieren. Dennoch führt Benchmarking zu sehr guten Ideenquellen, wenn Unternehmen nach Verbesserung der Qualität und Wettbewerbsleistung suchen.[233]

233 Vgl. Kotler/Keller/Bliemel, 2007, S. 1100.

3. Zusammenfassung

Ziel dieser Arbeit war es, die Bedeutung von strategischer Wettbewerbsbeobachtung aufzuzeigen sowie einige gängige Konkurrenzanalysemethoden, welche in der Praxis Verwendung gefunden haben, näher zu erläutern.

Unternehmen stehen heutzutage in einem immer größer und stärker werdenden Kampf mit ihren Konkurrenten. Hinzu kommt, dass Kunden immer wählerischer bei ihrer Produkt- oder Dienstleistungswahl werden. Qualität spielt bei der Kaufentscheidung eine immer wichtigere Rolle, außerdem reagieren Kunden preisempfindlicher und ihnen wird zusätzlich die Möglichkeit geboten, aus einer Vielzahl von Alternativprodukten zu wählen.

Unternehmen, welche nun das Ziel anstreben, langfristig und vor allem erfolgreich in diesem sehr schnelllebigen Markt zu bestehen, können sich mit Hilfe von Konkurrenzforschung einen guten Überblick über ihre Wettbewerber verschaffen. Es ist wichtig, das Konkurrenzumfeld stets zu beobachten und im Auge zu haben, um über jegliche Entwicklungen informiert zu sein. Das Unternehmen muss sich auf die Wettbewerber einstellen, um dementsprechend auf Handlungen und Aktivitäten reagieren zu können.

Konkurrenzforschung, ein wichtiger Teilbereich der Marktforschung, hat zur Aufgabe, die aktuellsten Daten und Informationen der konkurrierenden Unternehmen zu sammeln und zu analysieren. Aufgrund dieser gewonnenen Informationen wird dem Unternehmen ermöglicht, herauszufinden, welche Mitbewerber sich am Markt befinden, welche Stärken und Schwächen diese besitzen und welche Ziele und Strategien verfolgt werden. Die für ein Unternehmen notwendigen Informationen können einerseits aus dem Unternehmen selbst oder aus der Unternehmensumwelt stammen. Weiters kann zwischen der Art der Quellen unterschieden werden. Zum einen besteht für ein Unternehmen die Möglichkeit, eine Primärmarktforschung durchzuführen, das heißt bestimmte Daten das erste Mal zu erheben, oder Informationen mittels einer Sekundärmarktforschung zu beziehen. Hierbei bedient sich das Unternehmen an bereits vorhandenem Datenmaterial.

Da die gewonnenen Daten und Informationen jedoch für das Unternehmen noch keine Aussagekraft besitzen und keine Handlungsvorschläge daraus abgeleitet werden können, bietet die Konkurrenzforschung eine Auswahl an unterschiedlichen Analysemethoden. Mit Hilfe derer kann das Unternehmen nun die Daten aufbereiten, um aus den resultierenden Ergebnissen schlussendlich Handlungsmöglichkeiten und Strategien abzuleiten.

Diese Arbeit hat folgende Analysemethoden genauer betrachtet: die Five-Forces-, die SWOT- und die Produktlebenszyklusanalyse sowie die Portfolio-Methode und das Benchmarking.

Die Five-Forces-Analyse basiert auf der Grundlage, dass am Markt fünf Wettbewerbskräfte herrschen, welche ein Unternehmen in seiner Vorgehensweise beeinflussen. Diese Kräfte gehen aus von neuen Konkurrenten, Ersatzprodukten, Abnehmern, Lieferanten und bereits vorhandenen Wettbewerbern. Die Five-Forces-Analyse hat sich in den letzten Jahren zu einem Standardverfahren der Konkurrenzforschung entwickelt und gehört zu den am meisten verwendeten Analysemethoden.

Die SWOT-Analyse eruiert die Stärken (Strengths), Schwächen (Weaknesses), Chancen (Opportunities) und Risiken bzw. Herausforderungen (Threats) eines Unternehmens und stellt somit eine Beziehung zwischen internen Faktoren und externen Beeinflussungen her. Sie dient als gute Grundlage für andere Konkurrenzanalysen, außerdem erfolgt die Durchführung schnell und einfach.

Die Produktlebenszyklusanalyse beschäftigt sich mit der Umsatz- und Gewinnentwicklung eines Produkts im Laufe seines ökonomischen Lebens. Idealerweise verläuft die Kurve S-förmig und ist durch folgende Abschnitte gekennzeichnet: Einführung, Wachstum, Reife, Sättigung und Rückgang. Die Produktlebenszyklusanalyse liefert dabei wichtige Erkenntnisse über die Wettbewerbsdynamik eines Produkts.

Ein weiteres Analyseverfahren, welches in dieser Arbeit näher erläutert wird, ist die Portfolio-Methode. Es hat sich zu einem bedeuteten Diagnoseinstrument für Unternehmen entwickelt und findet deshalb so gerne an Verwendung, da es den Zusammenhang zwischen Rentabilität, Cashflow, Wert, Verschuldungskapazität, Wachstums- und Dividendenpotenzial und Wettbewerbsfähigkeit darstellt. Die Praxis stellt den Unternehmen mehrere Portfolio-Methoden für die Konkurrenzforschung bereit, diese Arbeit beschränkt sich jedoch auf das BCG- und McKinsey-Portfolio. Das BCG-Portfolio, auch Marktwachstum/Marktanteil-Portfolio genannt, ist eine Vier-Felder-Matrix und differenziert vier verschiedene Produkttypen, die Stars, Question Marks, Dogs und Cash Cows. Es stellt dadurch das unternehmenseigene Produktportfolio relativ zum Wettbewerb dar. Das McKinsey- oder auch Marktattraktivität/Wettbewerbsstärke-Portfolio ist im Unterschied zum BCG-Portfolio eine Neun-Felder-Matrix und beurteilt sowohl das Unternehmen als auch die Wettbewerber. Aus den neun Quadranten lassen sich folgende Normstrategien für das Unternehmen ableiten: Investitions- und Wachstumsstrategien, Abschöpfungs- und Desinvestitionsstrategien sowie selektive Strategien.

Die letzte in dieser Arbeit beschriebene Analysemethode ist das Benchmarking. Es gehört im Vergleich zu den bereits aufgezählten Modellen zu den neueren Konkurrenzanalysemethoden. Ziel des Benchmarkings ist es, die Stärken der Mitbewerber zu erkennen und aber gleichzeitig auch die entsprechenden Gründe dafür zu identifizieren. Die Praxis unterscheidet zwischen vier Formen des Benchmarkings, dem internen und branchenübergreifenden Benchmarking sowie dem Konzern- als auch Konkurrenz-Benchmarking.

Alle fünf Konzepte liefern Ergebnisse, welche das Unternehmen bei der strategischen und taktischen Entscheidungsfindung unterstützen. Die Praxis empfiehlt jedoch, nicht nur eine Methode allein anzuwenden, sondern mehrere miteinander zu kombinieren, um dem Unternehmen ein optimales Ergebnis liefern zu können.

Auch wenn sich viele Unternehmen der großen Bedeutung einer gut durchgeführten Konkurrenzanalyse noch nicht bewusst sind, so erkennen sie nach und nach, dass eine kontinuierliche und strategische Wettbewerbsbeobachtung den entscheidenden Vorsprung mit sich bringen kann, um der Konkurrenz den bedeutenden Schritt voraus zu sein. Es folgt das Halten und Stärken der Marktposition sowie die Chance, diese weiter auszubauen. Dem Unternehmen wird ein langfristiges Überleben am Markt ermöglicht.

Abkürzungsverzeichnis

BCG	Boston Consulting Group
PLC	Product Life Cycle
SGE	Strategische Geschäftseinheit
SWOT	Strenghts, Weaknesses, Opportunities, Threats
USP	Unique Selling Proposition

Abbildungsverzeichnis

Literaturverzeichnis

Backhaus, K./Voeth, M. (2007): Industriegütermarketing. 8., vollständig neu bearbeitete Auflage, Verlag Franz Vahlen, München.

Becker, J. (2006): Marketing-Konzeption. Grundlagen des ziel-strategischen und operativen Marketing-Managements. 8., überarbeitete und erweiterte Auflage, Verlag Franz Vahlen, München.

Berekoven, L./Eckert, W./Ellenrieder, P. (2006): Marktforschung: Methodische Grundlagen und praktische Anwendungen. 11., überarbeitete Auflage, Betriebswirtschaftlicher Verlag Dr. Th. Gabler, Wiesbaden.

Broda, S. (2005): Marketing-Praxis: Ziele, Strategien, Instrumentarien. 2., überarbeitete und erweiterte Auflage, Betriebswirtschaftlicher Verlag Dr. Th. Gabler, Wiesbaden.

Bruhn, M. (2007): Marketing: Grundlagen für Studium und Praxis. 8., überarbeitete Auflage, Betriebswirtschaftlicher Verlag Dr. Th. Gabler, Wiesbaden.

Decker, R./Wagner, R. (2002): Marketingforschung. Methoden und Modelle zur Bestimmung des Käuferverhaltens. Redline Wirtschaft bei verlag moderne industrie, München.

Deltl, J. (2004): Strategische Wettbewerbsbeobachtung. So sind Sie Ihren Konkurrenten laufend einen Schritt voraus. Betriebswirtschaftlicher Verlag Dr. Th. Gabler, Wiesbaden.

Diller, H. (2007): Grundprinzipien des Marketing: Marktorientierung – Aktion und Innovation – Marketing-Intelligence – Marketingadministration. 2., überarbeitete und erweiterte Auflage, GIM-Verlag, Nürnberg.

Esch, F.R./Herrmann, A./Sattler, H. (2008): Marketing. Eine managementorientierte Einführung. 2., überarbeitete Auflage, Verlag Franz Vahlen, München.

Haunerdinger, M./Probst, H.J. (2006): Marktforschung und Marktanalyse. In: ProFirma, Vol. 9, Heft 07-08/2006, S. 70-74.

Henderson, B.D. (1972): Das Portfolio. In: Oetinger, B.v. (Hrsg.) (2000): Das Boston Consulting Group Strategie-Buch. Die wichtigsten Managementkonzepte für den Praktiker. 7., völlig überarbeitete und aktualisierte Auflage, Econ Verlag, Düsseldorf, S. 346-351.

Herrmann, A./Homburg, C./Klarmann, M. (Hrsg.) (2008): Handbuch Marktforschung: Methoden – Anwendungen – Praxisbeispiele. 3., vollständig überarbeitete und erweiterte Auflage, Betriebswirtschaftlicher Verlag Dr. Th. Gabler, Wiesbaden.

Hinterhuber, H.H. (2004): Strategische Unternehmensführung. I. Strategisches Denken: Vision – Unternehmenspolitik – Strategie. 7., grundlegend neu bearbeitete Auflage, Walter de Gruyter Verlag, Berlin u.a.

Homburg, C./Krohmer, H. (2006): Grundlagen des Marketingmanagements. Einführung in Strategie, Instrumente, Umsetzung und Unternehmensführung. Betriebswirtschaftlicher Verlag Dr. Th. Gabler, Wiesbaden.

Kairies, P. (2007): So analysieren Sie Ihre Konkurrenz. Konkurrenzanalyse und Benchmarking in der Praxis. 7. Auflage, Expert Verlag, Renningen-Malmsheim.

Kamenz, U. (2001): Marktforschung. Einführung mit Fallbeispielen, Aufgaben und Lösungen. 2., durchgesehene Auflage, Schäffer-Poeschel Verlag, Stuttgart.

Kersten, W./Winter, M./Kern, E.M. (2006): Benchmarking als Verbesserungsinitiator. Verbesserung der Leistungsfähigkeit von Unternehmen im Projektmanagement. In: Projektmanagement aktuell, Heft 4/2006, S. 56-62.

Kotler, P./Keller, K.L./Bliemel, F. (2007): Marketing-Management. Strategien für wertschaffendes Handeln. 12., aktualisierte Auflage, Pearson Studium, München.

Kuß, A. (2006): Marketing-Einführung: Grundlagen, Überblick, Beispiele. 3., überarbeitete und erweiterte Auflage, Betriebswirtschaftlicher Verlag Dr. Th. Gabler, Wiesbaden.

Lux, C./Peske, T. (2002): Competitive Intelligence und Wirtschaftsspionage. Betriebswirtschaftlicher Verlag Dr. Th. Gabler, Wiesbaden.

Michaeli, R. (2006): Competitive Intelligence. Strategische Wettbewerbsvorteile erzielen durch systematische Konkurrenz-, Markt- und Technologieanalysen. Springer Verlag, Berlin u.a.

Nieschlag, R./Dichtl, E./Hörschgen, H. (2002): Marketing. 19., überarbeitete und ergänzte Auflage, Duncker & Humblot, Berlin.

Oetinger, B.v. (2000): Portfolio und Wertmanagement. In: Oetinger, B.v. (Hrsg.) (2000): Das Boston Consulting Group Strategie-Buch. Die wichtigsten Managementkonzepte für den Praktiker. 7., völlig überarbeitete und aktualisierte Auflage, Econ Verlag, Düsseldorf, S. 339-345.

Oetinger, B.v. (Hrsg.) (2000): Das Boston Consulting Group Strategie-Buch. Die wichtigsten Managementkonzepte für den Praktiker. 7., völlig überarbeitete und aktualisierte Auflage, Econ Verlag, Düsseldorf.

Pfaff, D. (2005a): Competitive Intelligence in der Praxis. Mit Informationen über Ihre Wettbewerber auf der Überholspur. Campus Verlag, Frankfurt/Main u.a.

Pfaff, D. (2005b): Marktforschung. Wie Sie Erfolg versprechende Zielgruppen finden. Cornelsen Verlag, Berlin.

Porter, M.E. (1999a): Wettbewerbsvorteile (Competitive Advantage). Spitzenleistungen erreichen und behaupten. 5., durchgesehene und erweiterte Auflage, Campus Verlag, Frankfurt/Main u.a.

Porter, M.E. (1999b): Wettbewerbsstrategie (Competitive Strategy). Methoden zur Analyse von Branchen und Konkurrenten. 10., durchgesehene und erweiterte Auflage, Campus Verlag, Frankfurt/Main u.a.

Porter, M.E. (2004): Wie die Kräfte des Wettbewerbs Strategien beeinflussen. In: Harvard Businessmanager, Nr. 10 vom 28.09.2004, S. 48. In: http://www.wiso-net.de/r_zwiw/webcgi?START=A31&DOKM=2631287_ZWIW&WID=50042-1580408-41824_7, Stand vom 05.05.2008.

Rese, M./Karger, M. (2008): Konkurrenzanalyse. In: Herrmann, A./Homburg, C./Klarmann, M. (Hrsg.): Handbuch Marktforschung: Methoden – Anwendungen – Praxisbeispiele. 3., vollständig überarbeitete und erweiterte Auflage, Betriebswirtschaftlicher Verlag Dr. Th. Gabler, Wiesbaden, S. 747-767.

Romppel, A. (2006): Competitive Intelligence. Konkurrenzanalyse als Navigationssystem im Wettbewerb. Cornelsen Verlag, Berlin.

Rudolph, T. (2004): Die mentalen Grenzen der Marktforschung. In: Thexis, Jg. 21, Nr. 2 vom 15.03.2004, S. 40-41.

Runia, P./Wahl, F./Geyer, O./Thewißen, C. (2007): Marketing. Eine prozess- und praxisorientierte Einführung. 2., überarbeitete und erweiterte Auflage, Oldenbourg Verlag, München u.a.

Salcher, E.F. (1995): Psychologische Marktforschung. 2., neu bearbeitete Auflage, Walter de Gruyter Verlag, Berlin u.a.

Scheuch, F. (2007): Marketing. 6., verbesserte und ergänzte Auflage, Verlag Franz Vahlen, München.

Schnettler, J./Wendt, G. (2006): Marketing und Marktforschung. Lehr- und Arbeitsbuch für die Aus- und Weiterbildung. 2., aktualisierte und erweiterte Auflage, Cornelsen Verlag, Berlin.

Ullmann, F. (2005): Konkurrenzanalyse – Den Finger am Puls des Markts. In: ProFirma, Vol. 8, Heft 05/2005, S. 14-19.

Weis, H.C./Steinmetz, P. (2005): Marktforschung. 6., überarbeitete und aktualisierte Auflage, Friedrich Kiehl Verlag, Ludwigshafen (Rhein).